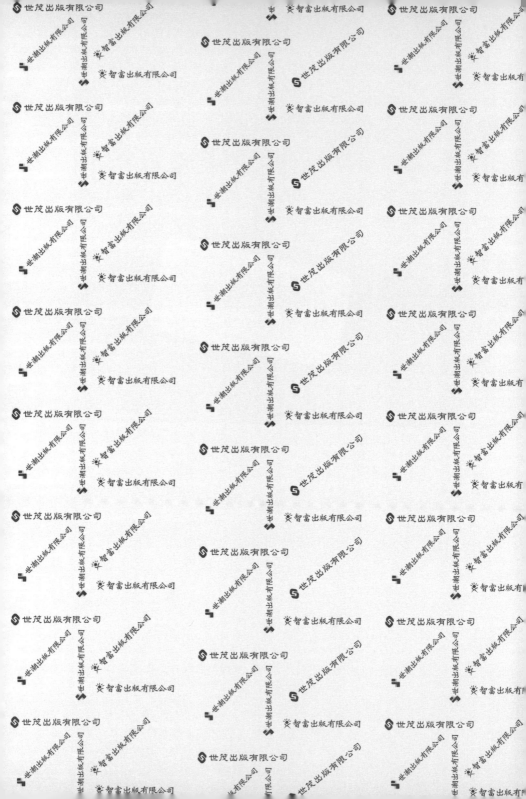

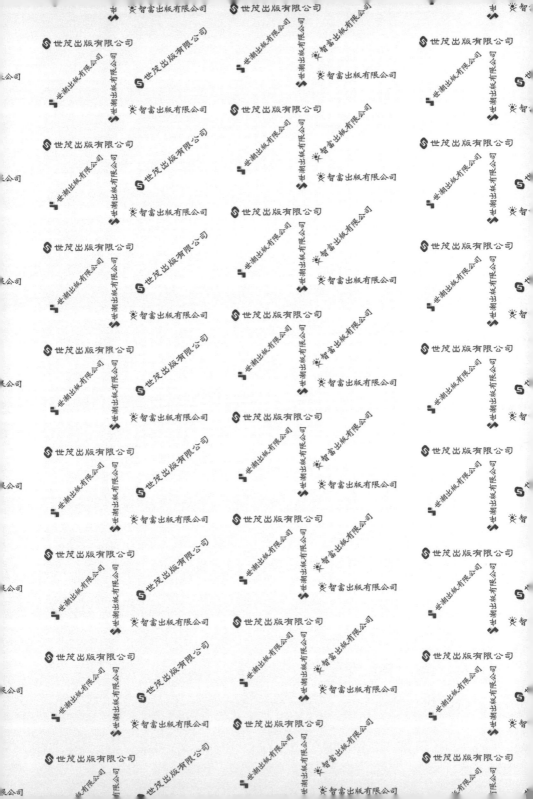

漫畫

NLP溝通筆記

マンガでやさしくわかるNLPコミュニケーション

全力搶救說話模式，終結溝通不良的無限迴圈

NLP潛能開發顧問 山崎啓支◎著

謝承翰◎譯

前言

ＮＬＰ是美國所研發的實用性心理學，對於一般的商業人士，以及煩惱育兒問題的家庭主婦，和任職於教育、心理治療、運動等相關領域的人來說，ＮＬＰ都能協助開發潛能，解決人際溝通的問題。

ＮＬＰ最大的特徵是即刻見效。有許多學員在參加我所開設的講座後，在短時間內出現改變。

學員常分享親身經驗，我經常耳聞學員將ＮＬＰ課程推薦給親朋好友，解決他們在職場和人際關係遇到的問題。

推薦來上課的人，對參加講座，還是有很多人抱持著抗拒心理，我發現有許多人平常不太閱讀。對這樣子的新朋友來說，我曾收到一些讀者的來信，表示他們藉由我的寫作認識到ＮＬＰ的魅力，即使平常不太讀書的人，也能輕鬆地讀完我的書。著作能得到廣泛讀者群的青睞，對我來說是意外之喜。

本書將我二十多年來的授課、寫作經驗統整，主題鎖定在「溝通」，我希望讓讀者能透過漫畫和重點解說，掌握ＮＬＰ的精髓。

本書是以漫畫形式呈現，透過文字理論，用漫畫清楚傳達ＮＬＰ理論，在工作現場能實際運用。

這本書的場景設定在一間超級市場。劇情描述主角日吉杏里，在人際溝通方面有許多問題，透過學習ＮＬＰ的技巧，克服萬難，成功將原本在經營滲淡的超市，最後轉虧為盈。

ＮＬＰ的理論，有很多部分，只有親身經驗，才能了解。本書將會出現許多各位普遍存在的問題，讓讀者能將親身經驗與主角代換，模擬主角的體驗。每當日吉杏里克服一個難關，讀者就會掌握到ＮＬＰ的精隨。

我不只是想要寫一本簡單易懂的書，還必須兼具實用性，能夠實際派上用場，因此在內容方面絕對不容一絲一毫的妥協，盡可能將ＮＬＰ的溝通技巧完全納入本書。

希望讀者能理解，「為何向他人表達親身感受如此困難」，所以特別在書中放入大量加強表達能力的小訣竅。

為了讓各位掌握「如何將自己的想法，正確傳達給重要對象和客戶」、「如何讓上司接受提案」、「讓員工能夠主動完成指令」等實用性的技巧，書中以深入技巧的基礎做為解說，對原理進行鉅細靡遺的講解。

現代商業環境日益複雜，許多壓力難以抒發，因此產生許多社會問題，為此，本書也解說「如何用正確的溝通方式，為員工解決問題」、「如何與自我對話，紓解煩惱」等內容。

本書內容扎實。是具有極高實用性的ＮＬＰ入門書。

希望各位能學習本書介紹的溝通技巧，融會貫通，提高表達能力和解決問題的能力。

山崎啓支

GOOD DAYS

第二章

如何防止溝通錯誤？

第三章

有效溝通的語言模式

第四章

讓大腦思緒暢通無阻的聯想法

第五章

如何使對方的無意識進行運作

Prologue

什麼是NLP ？

一開始，先來學習什麼是NLP。

我叫做日吉杏里。
杏里竟然成為超市總經理？
Story 0
我從一流大學畢業，進入服飾業界的龍頭公司，展開職場生活。
A·W
·夾克
·黑色
擔任大型專案的負責人。
我終於實現夢想，進入流行最前線！
照理說，我應該會漸漸累積資歷，最後晉升，成為公司高層。
這才對啊！
嗡嗡
嗡嗡

什麼？爸爸昏倒了？
突然站起
等一下，我正要開會。
竊竊
我們可以等一下再講嗎？應該不是什麼大病吧？
私語
你爸爸可能來日不多了……
什麼？
總是精力充沛的爸爸，他……
不會的，
我總是用工作當擋箭牌，很久都沒有回家了……
喂、喂，杏里？
我還沒有盡孝道啊！
噠噠噠噠。
日吉小姐，要開會！

呼……
呼……
啊、
啊。
爸爸……
嗚嗚……
爸爸在這生死交關的時刻，一直在呼喚你的名字。
怎麼會這樣……
嗚嗚嗚。
爸爸，你快振作起來啊！
杏里
是杏里嗎？

對不起！我什麼都沒能為你做！
臨走前，爸爸還有件事情放不下。
緊握
什麼事？你都說啊！
爸爸想要你接手我白手起家創辦的超市「GOOD DAYS」。
你放心，超市就交給我了！
爸爸你只要顧好身體就行了！
沒騙我？
哇哈哈哈哈
嘿嘿
都聽到囉！杏里，家裡的店就交給你囉！
耶！
老媽你都聽到了。
光滑透亮
終於解決繼承人的問題了！我們去舉杯慶祝吧！
蛤？
咦？
什麼？

GOOD DAYS
收銀台
不爽
2
日吉杏里小姐會從今天開始接替前任總經理的職務，成為GOOD DAYS的總經理。
她在接任這份工作前，活躍於一流服飾企業的最前線。
讓我們與總經理一起加油吧！
拍手！
啪啪啪
大家拿出點精神來！
啪啪啪
怎麼會變成這樣。

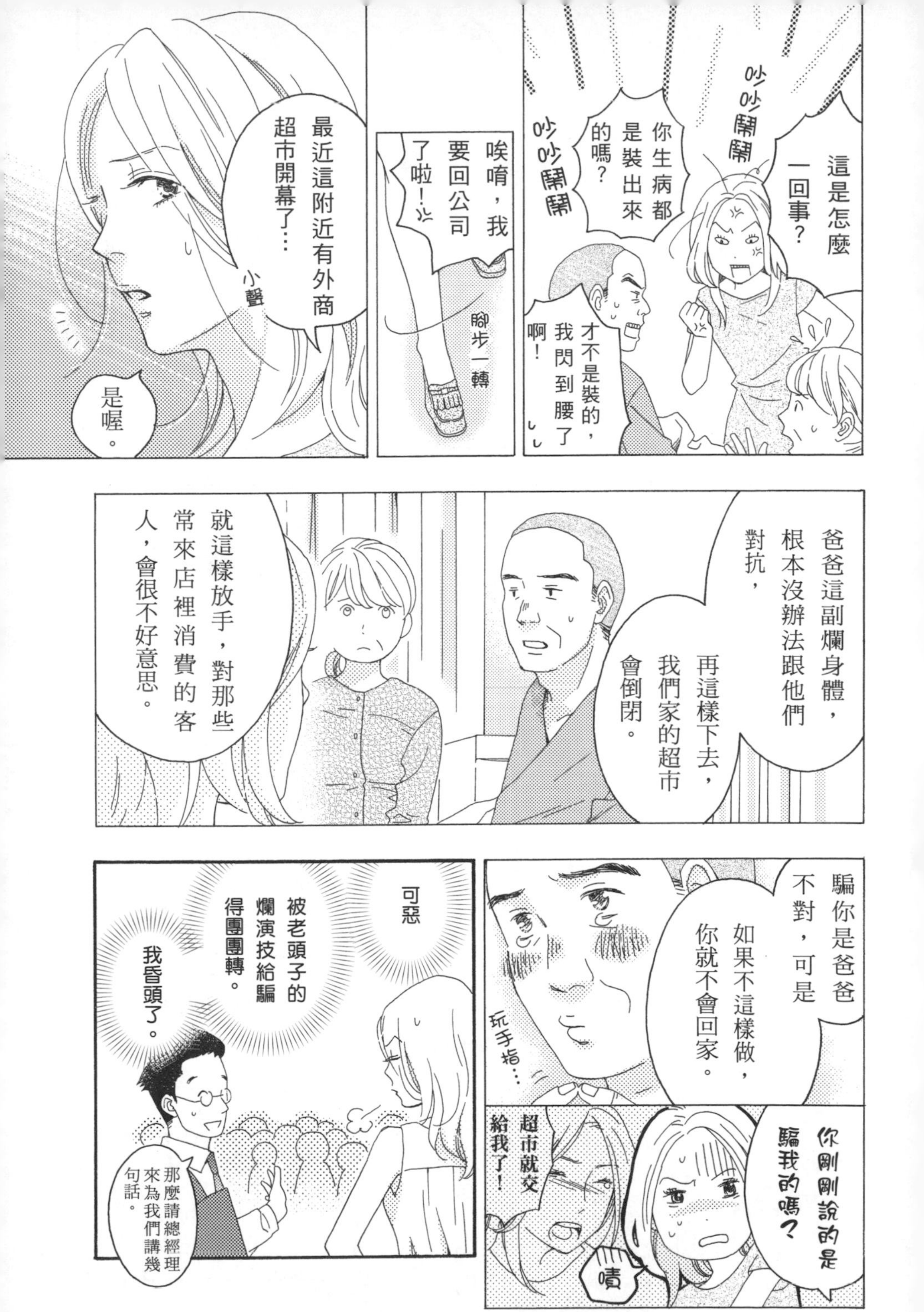
這是怎麼一回事？
吵吵鬧鬧
你生病都是裝出來的嗎？
吵吵鬧鬧
才不是裝的，我閃到腰了啊！
唉唷，我要回公司了啦！
腳步一轉
最近這附近有外商超市開幕了…
小聲
是喔。
爸爸這副爛身體，根本沒辦法跟他們對抗，
再這樣下去，我們家的超市會倒閉。
就這樣放手，對那些常來店裡消費的客人，會很不好意思。
騙你是爸爸不對，可是
如果不這樣做，你就不會回家。
玩手指…
你剛剛說的是騙我的嗎？
超市就交給我了！
嘖
可惡
被老頭子的爛演技給騙得團團轉。
我昏頭了。
那麼請總經理來為我們講幾句話。

本超市正面臨經營赤字，再加上外商超市在附近設置據點，
今後我想要加速內部決策步調，透過降低支出，提升經營效率，讓收支轉虧為盈！希望各位同仁理解。
躁動不安
她在說什麼？我都聽不懂。
好了，開始排貨啦！
躁動不安
等一下！
深受打擊……
這、這是怎樣？我是總經理耶？
總經理，您別生氣。
你們給我看著。
咦？
憑我的實力，三兩下就將這間店重整給你們看！

一週後。
GOOD DAYS
這間店怎麼回事？
腳軟。
NOMOPRIX
員工把我的話當耳邊風。
喂！你們有在聽我說話嗎？
外行人別在那邊只出一張嘴。
外商超市的集客力真是可怕。
每天的客訴跟山一樣多。
這產品都過期了。
對不起。
煩死了，完全沒辦法照劇本走。
吱呀
你的問題是在「溝通」。
咦？
嚇一跳

您好，從今天起，我要在這間店擔任顧問。
我的名字是新妻政宗，請多指教。
顧問？
咦？你父親沒跟你說嗎？
啊？
我聘請了一位優秀顧問，所以沒問題啦！
真的沒問題嗎？
我有聽說，
但這裡目前不缺顧問。
你先別這麼說，
讓我們一起透過NLP來重整GOOD DAYS吧！
NLP？

NLP是英文，意思是「神經語言程式學」。
N…神經（Neuro）
L…語言（Linguistic、Language）
P…程式（Programming）
NLP的發源地在美國，在當地有「大腦的使用說明書」的名號。
這東西與超市的經營有什麼關係啊？
NLP是一種有效結合語言學與心理學的實用性技巧，
能讓銷售數字快速成長喔！
有了NLP的幫助，你和這家超市，都會得到很大的進步！
GOOD DAYS
……
GOOD DAYS的確要改變，但為什麼我也要改變呀？
盯…
？

01 有效溝通的NLP是什麼？

三位心理治療大師的理論歸納

管理出現問題，杏里陷入苦戰！因此新妻建議她採用ＮＬＰ技巧。ＮＬＰ究竟是什麼呢？

ＮＬＰ是取三個英文字的第一個字母：神經（Neuro）、語言（Linguistic、Language）、程式（Programming）而命名，直譯為「神經語言學」，是有效結合心理學、神經學、語言學與人類感知的實用性法則。ＮＬＰ來自美國，一九七〇年代由理察・班德勒（Richard Bandler）和約翰・葛瑞德（John Grinder）兩名學者共同開發而成。

他們仔細研究Fritz Perls、Virginia Satir、Milton Erickson這三位當年赫赫有名的心理諮商大師學說，最後開發ＮＬＰ。這種新的神經語言學，可讓一般心理諮商師多年無法改善的問題，只要兩個小時的療程，病患就能良好的改善。

班德勒與葛瑞德仔細觀察Fritz Perls、Virginia Satir、Milton Erickson三位心理諮商大師的治療方式，徹底模仿（Modelling），使自己有能力進行與大師們相同水準的心理治療。他們研究療程的因素與技巧，達到良好的治療效果，最後統整為一種簡單易懂，容易實行的治療方式。早期NLP是一種心理諮商師提供有效治療方式的理論。

運用在各領域的NLP

許多NLP研究者將這門學說蓬勃發展。今日，NLP不再被使用在心理治療，而是能運用在商業、教育、運動、藝術等各種領域的潛能開發體系。

本書以人際溝通為主題，向各位讀者介紹NLP，希望各位能掌握Fritz Perls、Virginia Satir、Milton Erickson三位心理諮商大師的字彙精華，運用在日常生活中，提供「防止溝通錯誤的方法」、「幫助解決問題的溝通方法」、「幫助自己脫離負面情緒的自我對話法」、「加強信賴感的方法」、「提升員工士氣的方法」等技巧，解決每個人的溝通障礙。

重設大腦程式，提高人生品質

02

⇩「神經」、「語言」、「程式」所代表的意義

Neuro（神經）是NLP中的「N」，代表「五感」。例如，在吃漢堡排時，會感受到漢堡排的味道（味覺）和香氣（嗅覺）及可口的模樣（視覺），漢堡排在烤盤上煎得表皮酥脆、多汁、滋滋作響的聲音（聽覺），最後將漢堡排放入口中，那溫潤無比的口感（體感）等五個構成要素。

「L」代表「語言」（Linguistic、Language）。

最後「P」代表「程式」（Programming），與電腦程式同義。NLP這門學說，是大腦裡的一個程式，會在無意識（潛意識）引導我們動作。

「輸入（刺激）與結果（反應）」，會遵照程式的既定模式運行，這是電腦程式的一大特徵。我們在銀行ATM輸入自己的帳戶號碼後，螢幕畫面會顯示自己的帳戶狀況。同樣地，我們體內也存在一個「程式」，會對特定輸入內容

產生反應。「恐懼症」就是一個最簡單的例子。如果有人曾被狗咬過，就造成恐懼症，只要一看到狗，立刻會想逃走。這不是我們有意識的決策，而是身體自發性的無意識地反應。

⇩「經驗」與「語言」設定程式

NLP認為「N＝五感＝經驗」和「L＝語言」組成「P＝程式」。恐懼症的產生，是因為患者經驗（五感）「被狗咬」而造成。這種「強烈的經驗」會在一瞬間設定程式。語言也會設定程式。舉例來說，有人每次只要飯菜沒吃完，就會被媽媽罵（重複提醒），這個人就會形成一種觀念，認為「飯菜絕對要吃完，不能浪費」，這種觀念會特別強烈，即便肚子很飽，也一定會把食物吃完，因此沒辦法減肥。當他看到別人吃飯沒吃乾淨，還會生氣。就像這樣，如果一個人持續聽到同樣的「語言」，大腦會形成一種程式——「觀念」，也就是後天形成的程式。

每個人的大腦都有程式，這些程式全部都是透過「①衝擊（強烈的經驗）」和「②重複（次數）」建立而成。

上述被狗咬的例子，恐懼症的程式，會在當事人看見狗，或聽見吠聲時啟動。「視覺」、「聽覺」等「五感資訊」是程式的啟動條件。若父母親的大腦設有「飯菜絕對要吃完」的觀念（程式），那麼當小孩表示「肚子已經很飽，我不想再吃了」，程式會對這句話產生反應，父母親會因此發脾氣。神經語言程式是透過「經驗」和「語言」形成，「經驗」和「語言」讓這些程式啟動。

程式也存在一些會喚醒我們豐富感受的類型。個性之所以會分樂觀開朗和消極悲觀等不同類型，是因為大腦的程式不同導致。NLP就是在教導各位如何編寫讓自己幸福的程式，覆蓋消極悲觀的程式。

我之前曾寫過如何克服弱點的文章，教導讀者透過親身經驗，重新編寫程式，這些方法會在本書再度解說，讓讀者可以了解語言對我們造成的影響，幫助你如何使用語言「解決問題」和「建立信賴關係」。

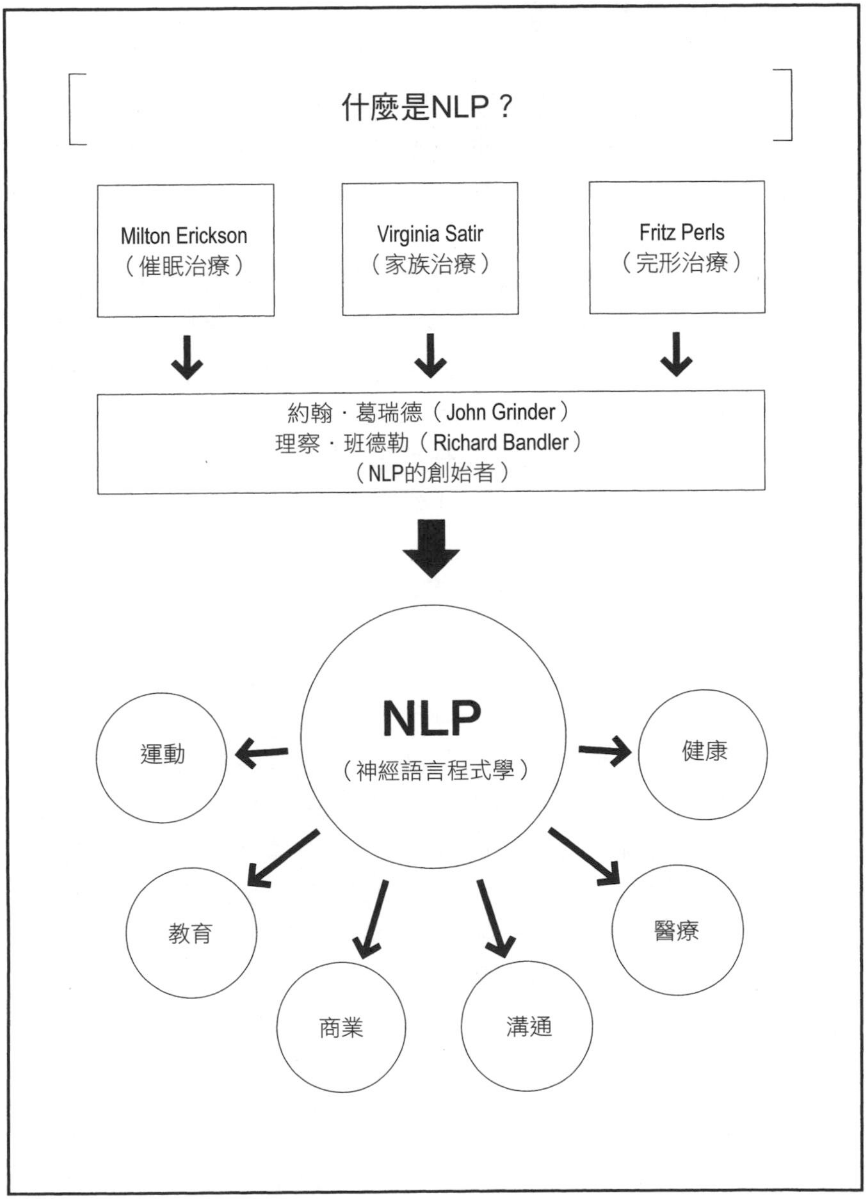
什麼是NLP？
Milton Erickson
（催眠治療）
Virginia Satir
（家族治療）
Fritz Perls
（完形治療）
約翰・葛瑞德（John Grinder）
理察・班德勒（Richard Bandler）
（NLP的創始者）
NLP
（神經語言程式學）
運動
健康
教育
醫療
商業
溝通

Column 1

為何大腦會寫入程式？

前面我舉了恐懼症做為例子，向各位說明大腦會透過經驗和語言編寫程式，這些程式都是處於無意識（潛意識）層次。我們能將意識想成一種能自由使用的意志，無意識是我們的潛能，目前我們尚未能自在地使用。

如果一個人曾在幼年時從樓梯墜落，就很容易患有懼高症。並非是當事人透過自我意識去決定要罹患懼高症，而是當他從高處落下，感受到疼痛的瞬間，會自發性地（無意識地）產生恐懼高處的認知。當事人不能自己決定罹患懼高症，是一種身不由己的情況。神經語言程式是在無意識的情況產生的事物。很多情況，我們會感覺到生活艱辛，是因為大腦偶然被寫入消極悲觀的程式導致。

無意識為何要在大腦寫入程式？

目的是為了確保安全與安心。本能是無意識的本質，我們可以將它想成一種求生欲望。哪怕是多活一天都好。求生欲望在避開「疼痛」追求「快感」的過程會得到滿足。這邊說的疼痛涵蓋肉體層次和精神層次的疼痛（壓力）。這些疼痛都有危險的因素，因此我們會在經驗過這些疼痛，自動在大腦寫入規避用的程式。譬如一個人罹患懼高症，就不會想前往高處，因此能保護自己免於受到傷害。當我們感受到「快感」時，大腦會自動分泌促進免疫系統運作的激素，藉此延年益壽。嘗試過一件快樂的事物，想要再度體驗也是這個原因。

第一章

什麼是溝通？

日常生活中，我們總是把「溝通」二字掛在嘴邊。但是溝通到底是什麼？第一章，我們就來學習溝通吧！

對方為什麼
聽不懂
我說的話？
Story 1
我不知道NLP是什麼東西啦！但是我不需要顧問！
好吧！那我們今天就只談一件事。
企業組織約有90％以上的紛爭，都是因為溝通錯誤。
組織發生紛爭的原因
溝通
90%
？
我先告辭了。
砰
我有我自己的作法。
才不想聽別人的呢！

怎麼會這樣？
塞滿滿…
怎麼會有這麼多報廢品？
哇啊啊！
大叔，你應該要考慮到成本，訂貨只訂賣得完的數量啊！
這種事誰做得到啊？
低聲碎念…
…
廢棄
咦？
嘎拉嘎拉
好啦好啦！我會配合。
…
亂七八糟…
貨都排得亂七八糟的！
商品整齊排列對店面非常重要。
請快點整理。

好、好的。
真是的！
……
驚……
躂躂
突然停住
……
亂七八糟……
你怎麼還沒整理好？
！
嚇到
抱歉，我剛剛在準備商品特賣。
優惠價 番茄 1顆 68
你要跟我說啊！
剛剛是叫你立刻處理耶！
知道了。
……

員工為什麼都不聽我的話？
請再多加油！
如果這家超市就這樣倒閉了，我想是各位比較困擾吧！
會議到此結束！
終於結束了。
！
總經理話真多。
鬨哄哄
鬨哄哄
只會出一張嘴，不爽她不會自己做啊。
做不到的事，她再怎麼講，還是做不到好嗎……
去喝一杯。一醉解千愁吧！
好啊！讚喔！
哇哈哈哈
這些人是怎樣？
我說的話他們根本就不當一回事啊！
！

公司組織約有90%以上的紛爭，都是因為溝通錯誤。
再這樣下去，沒有一個員工會把我當一回事……
這個月超市也是虧損……
再這樣下去別說是重整，超市真的會倒閉。
感謝你的聯絡！
……
讓我們一起來使這家超市重獲新生吧！
沒有捨，哪有得！
請你多多指教。

你感覺好像很累。
我沒事！
不用管我，你是說只要學會NLP，就能提升業績，沒錯吧！
……
當然。
我之前有說過，其實企業組織約有90％以上的紛爭，都是因為溝通錯誤。
是啊！
只要總經理稍微改變想法，就能防止溝通錯誤的產生。
蛤？
為什麼是我要改變啊？
一躍而起

你認為自己現在與員工的溝通良好嗎？
驚！
蛤
他們是否對你的指示陽奉陰違呢？
你怎麼還沒整理好？
剛剛在準備商品特賣。
訂貨只訂賣得完的數量啊！
好啦好啦！我會配合。
你是在氣什麼？
大加都這樣，你無需這麼沮喪。
我、我才沒有沮喪。
垂頭喪氣
因為我與員工的世界不同啊！
以前我任職於龍頭服飾公司的最前線。
對工作有比他們更崇高的期許啊！
他們才不會懂。
！

就是這樣！
我們說的每一句話，都是以親身經驗做為基礎的。
所以每個人聽到話產生的反應當然也會不同！
……？
你在說什麼？
我們舉個例子，如果有人問到日吉小姐的家鄉，你會想到什麼？
日曜市
嗯…
家鄉嗎？
我會想到老媽娘家周遭的風景。
當地壯麗的河川，隨季節改變風貌的山麓，帶來牧歌般的景緻。

原來如此，一幕幕景色宛如躍然眼前，感覺是個很棒的地方。
我的家鄉是紐約的摩天大樓。
紐約？
但是我的故鄉跟你的不太一樣。
咦？
童年時期，我長期居住在國外。
他到底是何方神聖？
你看，雖然同樣都是想到家鄉，就有牧歌般的景緻和紐約摩天大樓的差別。
我們兩個人對家鄉的印象完全不一樣。
摩天大樓
小時候追過兔子吧！
？
兔子？
所以在我們的日常生活，即便有相同語言，也會出現溝通錯誤的情況。
故鄉

假設說話方想傳達給接收方的經驗。
說話方的語言
經驗
接收方的語言
空白
和接收方的理解出現不合，無法理解，就會產生摩擦。
原、原來如此。
剛剛日吉小姐提到你與員工的工作環境不同，這正是我想表達的！
以前我任職於龍頭服飾公司的最前線。
他們才不會懂。
我在跟你談話，根本就沒有想到這件事呢！
哈哈哈……原來是這樣啊！
也就是說我的意思根本沒有傳達給他們。
……

讓我進一步說明，當我們用語言向別人傳遞訊息時，主要有三大原因會造成溝通錯誤。
刪減
扭曲
一般化
就是刪減、扭曲、一般化。
舉例來說，當我要求日吉小姐就家鄉的優點進行描述，你會需要花多少時間呢？
這個嘛，2~3分鐘就綽綽有餘了吧？
也就是說，你可以將自己在家鄉的經驗濃縮成2~3分鐘。
這個經驗又經過你的過濾器處理，才傳達給我。
語言
扭曲
刪減
經驗
這就是刪減
和扭曲！

一般化是一個非常極端的主觀想法。
讓我們假設有個人相信A店的商品比其他店家都賣得便宜。
但這可能僅限於某部分商品。
A店比較便宜！
雞蛋
160日圓
A超市
若這個人透過以前的經驗，導致她對A店有最便宜商品的主觀想法，
她的大腦就會形成「A店最便宜」的一般化，即便這不是真的。
A超市
A超市
A超市
雞蛋
150日圓
B超市
雞蛋
180日圓
A超市
原來如此，現在我知道溝通錯誤產生的原理了。
那麼……
！
我應該如何防範呢？
你叫我要改變想法，但要從哪裡做起呢？
微笑……
其實防止溝通錯誤的發生並非難事。
咦？

我們就是透過詢問的動作，還原遭到刪減、扭曲、一般化的資訊。
刪減
扭曲
一般化
我們只需要將說話方想傳達的經驗，與接收方所聽取到的內容，兩者磨合就行了。
對你來說家鄉是怎樣的存在呢？
可以順便問你的出生地是？
小時候我都住在紐約。
那麼我們兩個對家鄉的印象可能就會有所不同。
…
如此一來，雙方就可以得到正確的溝通。
其實前陣子，
我爸對我說。

把GOOD DAYS打造成我理想的超商吧！
杏里你一定能做到。
……他是這麼跟我說的。
那時候我覺得只要把銷售額提升，就是爸爸理想的超市了。
但是現在轉念一想，那真的就是爸爸理想的超市嗎？
那你可以試著向員工提問啊！
若是與員工間一直存在溝通錯誤，這家超市就不會變成你父親理想的超市喔！
……好的。

中央醫院
來~張嘴。
！
杏里。
啊啊。
怎麼啦？怎麼站在那裏不動？
這兩個人是怎樣……
……
？
瞪
有件事情想要問爸爸……
爸爸，你理想的超市是怎樣的超市呢？

幹嘛突然問這個？
哇哈哈哈
是指銷售額高的店沒錯吧？
你是以店家立場做考量，我們應該要為顧客設想才是。
咦？
對我來說，理想的超市是……
我的理想是社區超市，能帶給顧客回家的溫暖感受。
蔬果、乳製品

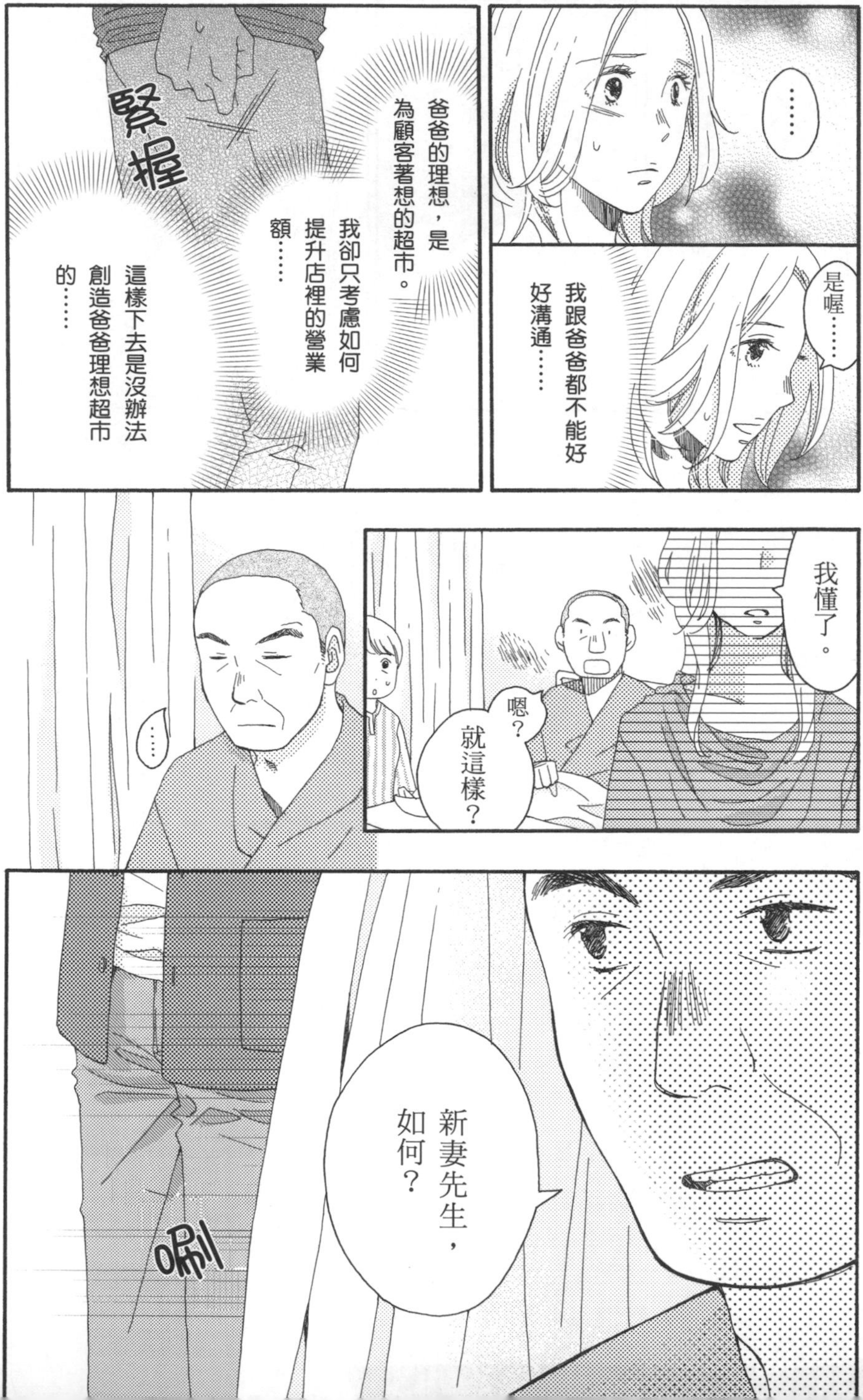
……
是喔……
我跟爸爸都不能好好溝通……
緊握
爸爸的理想，是為顧客著想的超市。
我卻只考慮如何提升店裡的營業額……
這樣下去是沒辦法創造爸爸理想超市的……
我懂了。
嗯？就這樣？
……
新妻先生，如何？
唰

我家的女兒是塊好材料嗎？
當然是！
但是我今天傳授給她的僅是ＮＬＰ的基礎知識。
接下來就要看她如何實際運用了。

01 空白原則、焦點化原則

在第一章，我針對溝通進行的流程做介紹，藉此得知自己的「想法」如何轉換為語言，而談話對象又是怎麼接收我們說的話。大腦是創造和理解語言的核心部位，在此要先介紹各位一些大腦運作的基本原理，幫助溝通順利進行。首先要談**空白原則和焦點化原則**。

⇩大腦會自動填補空白（空白原則）

「空白原則」——這邊提到的「空白」，是「未知的事物」。當大腦出現「空白」，就是「未知的事物」，大腦就會自發性地使用所有資源去填補這段空白（去理解），這就是空白原則的運作原理。

就如我在二十八頁的專欄提過，我們總是尋求安全和安心感，神經語言程式也是為了此目的而編寫。讓自己變得善於溝通，最大的目的就是提供安全和安心感。因為大腦判斷一個人是安全無害，就會有敞開心房（建立親和感）的傾向。

為了取得安全和安心感，什麼是大腦進行判斷時的重要依據呢？「大腦對某事物是否有充分了解」。

舉例說，我們不會對每天固定輪值的工作緊張。因為我們已經知道哪裡是工作重點和留意的部分。我們到多次前往的地方時，不會緊張。若被調往新部門，我們會因為尚未掌握工作的要領感到緊張。去國外旅行時，許多人會感到僵硬、警戒。大腦會判斷「了解的事物＝安全」、「未知的事物＝危險」。大腦為了「了解事物」，會去收集「內部資訊」和「外部資訊」。「內部資訊」代表的是過往記憶，「外部資訊」是當下透過五感捕捉的資訊。

若你長期使用一台電腦，硬碟的空間一定保有大量的資訊，從出生到現在，你的大腦也保有大量的記憶，這就是「內部資訊（記憶）」。當我們嘗試去理解某事物，大部分都是仰賴這種「內部資訊（記憶）」。

當我們置身未知的環境中，大腦會產生大量的「空白＝未知的事物」。這時，大腦會全速運轉，收集「內部資訊」和「外部資訊」，想辦法去搞清楚這件事物。大腦會想要早點弄懂這件事，才能早點安心。

各位是否也在人際關係有相關問題呢？這代表各位處於一種尚未解決「人際關係問題」，大腦留有空白的狀態（不知該如何是好的狀態）。當大腦有這種空白時，你會比較容易發現一些能填補此空白的外部資訊（書籍），或是想起一些過往改善人際關係的經驗。

⇩人們只會看見自己關心的事物（焦點化原則）

接下來要介紹「焦點化原則」。專家學者們認為，大腦存在著意識（表意識）和無意識（潛意識）。無意識就像一台超級電腦，能同時捕捉多種資訊。意識的性能則較集中，只能將思考聚焦在一種資訊上。舉例來說，邊看書邊與人交談就容易產生混亂。學生如果在課堂上將思緒擺在社團活動，就會不懂老師的上課內容。無論老師說的話多麼有條有理，學生就是無法理解。將焦點放在其中一項事物，就會「刪減」其他的資訊。

大腦的「焦點化」和「刪減」傾向，會對我們的日常生活造成很大的影響。舉例來說，每個人在看世界時，著眼的資訊都會不同。若是任職科技業的人，很容易發現科技公司宣傳的看板。其他行業的人卻完全不會留意到這些事物。

閱讀報紙獲取的資訊也一樣。當想要找工作的時候，無論清醒和睡覺，腦海都塞滿與求職相關的內容，即便是剛睡醒，只要翻開報紙，也會馬上發現工作職缺和其他對求職有幫助的資訊。那是一種相關資訊自動躍入眼簾的感覺。然而如今我仍保持每天早上讀報的習慣，但是已經不再注意與求職相關的資訊，這代表我的焦點已經移轉。

在同一時段中，我們的意識只能專心處理一項資訊，這是因為意識想將世界簡化。大腦的傾向會使我們產生許多主觀想法，這就是造成溝通錯誤的原因。

02 何謂方便使用的「地圖」

⇩方便的地圖，要經過「刪減」

當我們前往未知的國家旅行時，會使用地圖。初次前往的地點，手邊沒有拿一張地圖是非常不方便的。

那要怎樣的地圖才能方便使用，又兼具實用性？

考慮隨身攜帶的方便性，輕薄短小是一項要點。越輕巧的地圖，就越需要刪減越多當地的資訊。當地雖然有很多資訊，如果想忠實呈現，會使地圖變得複雜，使用者在尋找目的地時就會很辛苦。舉例來說，「當地」也許有蒼翠欲滴的草木，還有色彩與光源變化、河川流向等不同的動態元素，正因為地圖刪掉這些元素，才能方便使用。

扭曲真實資訊，產生實用性

接著來比較球型的地球儀與平面的地圖有何差異。和平面的地圖相比，地球儀更能正確表現地球的外型。但是地圖輕薄短小，能折疊起來方便攜帶，日常生活比較派得上用場。地球儀會忠實呈現地球的外型，而地圖是一種將球體扭曲（扭曲物）成平面的產物。以方便使用的角度來看，扭曲的資訊比正確的資訊，在日常生活中更能派上用場。

一片土地，也就是一個「地點」，實際上是立體並充滿質感的，它可說是具有躍動感並且包含五感資訊。有當地的「視覺資訊（色調和大小等等）」、「聽覺資訊（蟲鳴和水聲潺潺等等）」、「體感資訊（雙足踩踏在地面的觸感等等）」等。

「地點」有巨量的資訊來源，見有完整的資訊。因為是完整的資訊，所以內容豐富，但不適合用來向他人進行說明，畢竟太複雜。透過刪減與扭曲的方式，對「地點」的資訊稍作加工，轉化為地圖，可完成一種方便的實用性工具。

理解談話對象說話內容的大腦程序

03

將「地點」資訊轉為地圖的問題？

到房仲公司看房屋格局和周邊地圖，對某間房屋很滿意，但實際去參觀卻大失所望。

我曾有過類似經驗。當時我看中的房子無論是房屋格局、周邊環境、外觀等任何條件，比我之前透過地圖與照片憑空想像的樣貌差很多，讓我非常失望。

看地圖，以為它是現實的情況，但有時當地的資訊會與地圖呈現完全不一樣的感覺。

當我們與他人溝通時，也會進行繪製某種「地點」地圖。為了防止溝通錯誤，必需了解這一點，下面依序為各位講解。

理解說話內容的程序

如何在溝通過程，繪製一張「地點」地圖，我們必須要先了解，談話對象是如何接收我們傳遞的訊息。請各位看接下來我的經驗談，理解其中的資訊。

某天我夜宿一家飯店，搭乘計程車抵達飯店入口處，當時有穿著整齊的迎賓人員畢恭畢敬地前來迎接。當時正值十二月初，因此飯店有美麗的聖誕樹。這時期特有的聖誕燈飾四處可見，散發點點光明。我的房間位於這棟飯店較高樓層，向窗外望去，東京夜景一覽無遺。冬天的空氣清澈，夜景美不勝收。由於時間已到深夜，僅有耳邊依稀傳來空調運轉的細微聲響。沙發坐起來很舒適，我慵懶地坐著眺望那宛如仙境般的夜間景致，感覺全身筋骨都舒暢地放鬆了。

我在舉辦溝通技巧講座時，常會以這種簡單的經驗談做為開場白。其中有兩個目的。其一是為了闡明「聽到某人說話，會怎麼樣去理解」的程序，另一目的我會留到第五章說明。

⇩過往經驗是基礎，幫助我們理解語言或是文件的涵義

講述完我的「飯店住宿經驗談」，我會詢問在場參與講座的學員：「聽完我的故事，有人同時在大腦勾勒出任何圖像的嗎？有的人請舉起手來。」幾乎所有人都會舉手。

接下來我會問：「我在敘述這段經驗，也在大腦勾勒一幅景緻，你們會看到跟我相同的景緻嗎？」這次沒有任何人舉手。

於是我問大家：「你們邊聽著我的經驗談，在大腦看見怎樣的圖像呢？」透過這樣的問答，可以發現大家都想起自己曾住宿過的飯店，或是觀賞過的聖誕樹、夜景等圖像。

當我們試著理解某個人的語言時，會將過往經驗（記憶）與理解內容互相融合，以進行理解。如左頁圖表的說明，**過往經驗是一個基礎，幫助我們理解語言或文字的涵義。**

「接收方」理解「說話方」語言的程序

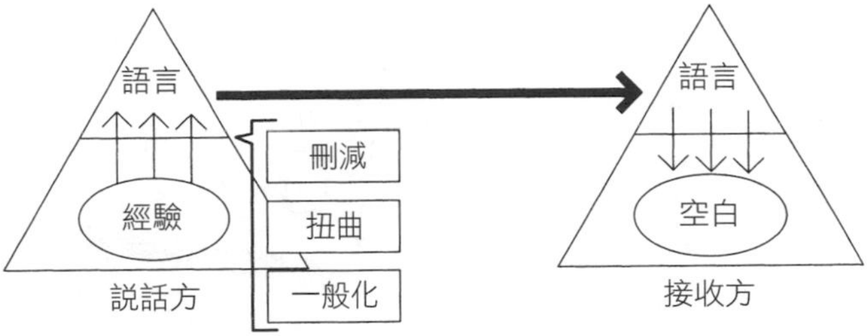

→ 說話方會將親身經驗翻譯為語言，傳達給接收方。

→ 將經驗翻譯為語言時，會產生刪減、扭曲、一般化等現象。

→ 接收方會將說話方的語言與過往經驗連結，達到理解的目的。（接收方大腦空白會透過「過往經驗＝記憶」進行填補。

刪減

當我們將自己實際的經驗翻譯為語言，就是一項表達此經驗的符號，過程會遺漏大部分的資訊。

扭曲

每人獨特的觀念會形成一個過濾器，當資訊通過這個過濾器後，會轉變成每個人獨有的見解，因而喪失原本資訊的本質。這情形下，大腦理解的資訊是遭到扭曲後形成的產物。

一般化

使事物不會出現例外。

04 語言產生的溝通本質

將經驗翻譯成語言的本質

繼續講飯店住宿經驗談的後續，以向各位解說，當我在講座現場描述著此項經驗談時，大腦會出現怎樣的變化。

我回憶住宿飯店時的經驗。當我在講個人經驗時，大腦會調出住宿於這家飯店時的五感資訊（即經驗）。我在前文和各位提到，五感與經驗是畫上等號的。

住宿飯店經驗形成的五感資訊，大致有「與飯店相關的**視覺資訊**（聖誕樹、美麗的聖誕燈飾、從飯店高處俯瞰而下的夜景等等）」、「空調**聲響**（**聽覺資訊**）」、「感覺到全身筋骨都舒暢地放鬆（**體感資訊**）」等項目。

當我向學員講述自己住宿飯店的經驗談時，就是透過語言描寫這些五感資訊（即經驗）。如五十七頁圖表所述，我們會將大腦的圖像等五感資訊翻譯為語言，再傳達給他人。

我有多次住宿飯店的經驗，這些經驗都超過三十分鐘。透過語言來說明這些經驗，我想只要花上兩分鐘就綽綽有餘了。經驗轉化為語言的程序，與「地點」轉化為地圖的程序相同，他就是說，在過程中會出現刪減與扭曲的現象（其實還得加上第三個程序——一般化。但這章為了讓說明簡單易懂，只說明刪減與扭曲）。

由於我們要將三十分鐘以上的經驗濃縮成兩分鐘的說明，所以必須刪減相當多的資訊。如前面曾向各位提過，地圖就是因為簡單所以才便於使用，為了明確向別人傳達自己的經驗，語言化是個好方法。但若完全不進行刪減資訊的動作就開始進行說明，溝通的內容會變得冗長乏味。

扭曲也扮演重要的角色。我本來就是個夜景愛好者，因此在進行描述時，會將敘述重心擺在夜景與聖誕燈飾等部分，這段說明重點在於是夜景的力量讓我能全身放鬆。但若換作一位對夜景絲毫不感興趣的人住宿於相同飯店，他的描述方法大概會與我不同。想必也會有人是對帶領自己前往房間的飯店員工、房內擺設、精美的裝潢有印象。即便是相同的經驗，也會因個人好惡、觀念不同而對觀察角度造成很大的改變。

任何時候，每個人的過濾器（好惡）都可能會對事物產生極端的定義（扭曲）。

我們把經驗（完整資訊）翻譯為語言的程序，會出現刪減與扭曲現象，轉變為單純不完整的表現。透過語言表現，資訊得到刪減，而變得簡單易懂，因此能有效率地傳達給對方。

刪減、扭曲、一般化並沒有好壞之分。

⇩「說話方」的語言，會對「接收方」產生大腦的影響

接下來向各位解說，當學員（接收方）聽到飯店住宿經驗談時，大腦所發生的變化。

正如五十七頁所示，當我透過語言將飯店住宿經驗傳達給學員（接收方）時，他們只是在聽，大腦一開始是一片「空白」。這段時間極其短暫，短到意識難以捕捉。接下來大腦會用空白原則「迅速填補腦中的空白」。像案例中的

情形，學員透過各自過去的經驗（記憶）去填補這段空白。

我沒有說出那間飯店的名稱，所以學員都是透過每個人從前住宿飯店時的記憶，去理解我的談話內容。

學員聽完這段經驗談以後，我詢問他們在大腦描繪怎樣的夜景，有人表示自己好像看到東京鐵塔，也有人想起神戶的夜景。可見即便是相同的經驗談，每個學員的記憶都不同。

此程序是在**無意識的情況進行**。學員在聽到我講述有關飯店夜景的經驗後，自發性地將相關記憶做連結。想必各位的大腦也浮現出美麗的夜景等圖像。而且是自發性地（無意識地）。

前面為各位介紹過，大腦害怕處於「未知的狀態」，各位會在極短的時間內連結必要的記憶，藉此填補這段空白。

我想在這邊傳達的是，我大腦描繪的「飯店住宿經驗談圖像」，與學員們的「飯店住宿經驗談圖像」有所區別。特別是兩者擁有的質感相去甚遠。

05 為何會出現溝通錯誤

語言的傳遞，會受到扭曲

前面已向各位提過，我向學員傳達的「飯店住宿經驗談圖像」，與學員理解的「飯店住宿經驗談圖像」在質感有極大不同。聖誕樹的描繪，有人的腦海浮現比自己身高還低的聖誕樹，也有人聯想到高度超過二十公尺的聖誕樹。我當時是慵懶地坐在飯店裡的單人座沙發上，很多人聯想到的是雙人座沙發。好酒的學員還會在大腦描繪我一邊品銘紅酒，一邊盡覽夜間美景的情境。

說話方透過語言，向接收方傳達自己大腦的圖像（五感資訊），但是這幅圖像不會完整傳遞到接收方的腦海，接收方會以自己過往的經驗，對圖像進行扭曲，**產生質感不同的圖像。語言溝通很容易出現這種情形。**

相信大家都能了解飯店住宿經驗談的狀況。語言完全依照事實來傳遞訊息，但是說話方想要傳遞的內容，卻受到接收方的扭曲，最後傳達給接收方的，是已受到扭曲的圖像。這就是造成溝通錯誤的原因。

⇩基本的詞彙意義，會因為經驗不同而造成極大改變

各位都已理解，當我們在閱讀或談話想要理解某個語句時，就會無意識地將過往的經驗作連結。就像是一個從未有過喝酒經驗的孩童，聽到日本酒這個語詞，完全無法想像甘醇美味，和飲酒之樂是什麼。**我們對語言的理解也是用過往經驗做基礎。**

非洲地處乾燥的沙漠地帶，在附近的山上看不到樹木。因此當地居民在聽到「山」這個詞彙時，聯想的都是禿山。日本擁有豐富水資源，山峰可層巒疊翠，當我們聽到「山」的詞彙時，會聯想到青翠的山地景緻。即便是對基本詞彙的理解方式，也會因為各自的生長環境和經驗不同，在大腦扎下不同的根，所以每個人聯想的圖像會不同。

每個人對「工作」這個詞彙聯想也有所不同。特別是初入社會後第一份工作的企業工作準則，很容易變成往後工作時的準則，造成許多溝通錯誤的情況。以下是我個人的情況：我任職的第一家公司有相當嚴苛的工作環境，幾乎

沒有什麼假期，每天都要工作到很晚，搭末班列車返家是家常便飯。當我進入下一家公司任職後，發現有同事會隨意申請有薪假，我發現自己會產生厭惡感，但是同事似乎也對我的工作態度感到奇怪。

對於這些廣泛用在**日常生活的詞彙，每個人理解的涵義都會不同，就算是基本的會話，也有可能引發溝通錯誤**。但是我們不管翻閱哪本辭典，語意解說的部分都不會有很大差別，不是嗎？這讓我們至少在語言涵義，能抱持一致的認知。因此只要說話方與接收方，將國語辭典對某個詞彙的解釋牢記於心，就能在語言的涵義有相同的認知。但兩個人對詞彙所擁有的印象（五感資訊，即經驗）卻可能有極大不同。

有部分企業，為了讓員工能徹底執行企業方針，反覆教導員工經營理念的重要性，或是每天在早會時要求員工複誦企業的行動方針。我以前任職的公司非常重視這些細節，現在回想起來，每個員工真的都對這些事物有相同的理解嗎？

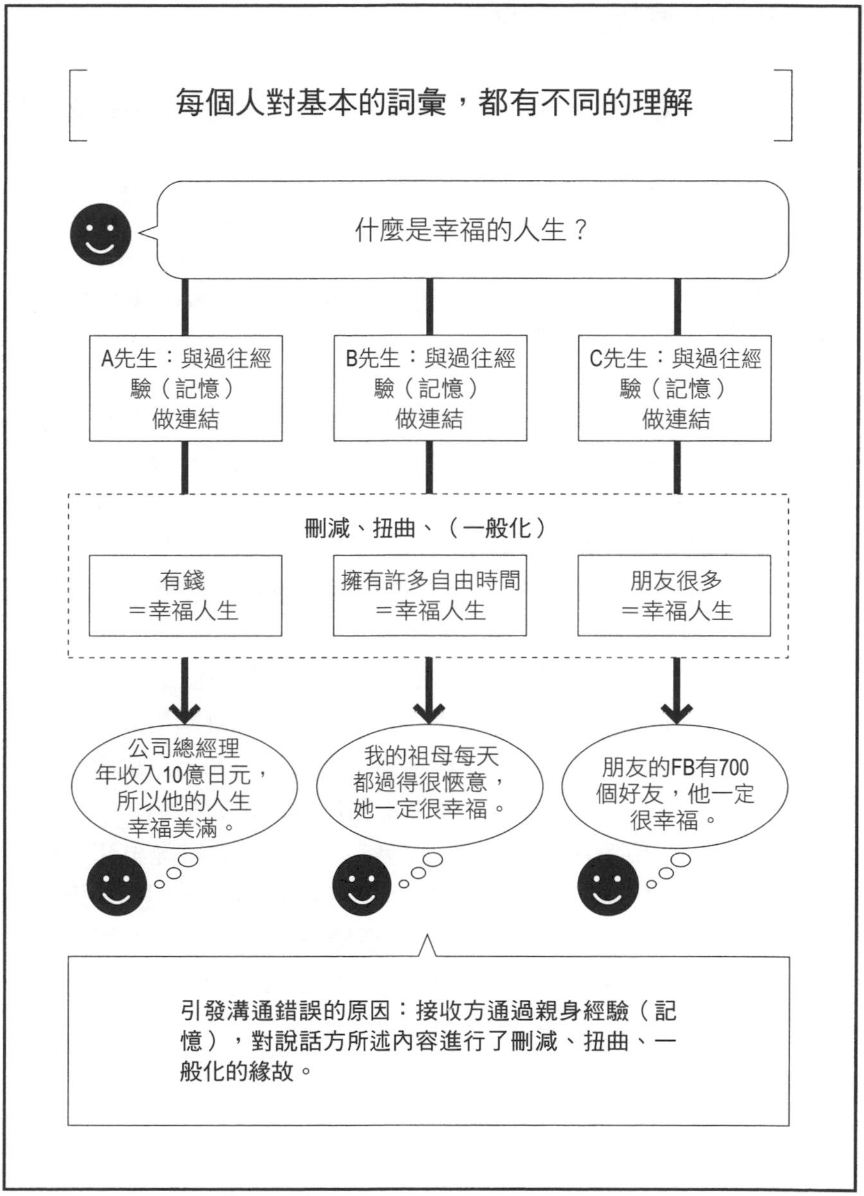
每個人對基本的詞彙，都有不同的理解
什麼是幸福的人生？
A先生：與過往經驗（記憶）做連結
B先生：與過往經驗（記憶）做連結
C先生：與過往經驗（記憶）做連結
刪減、扭曲、（一般化）
有錢＝幸福人生
擁有許多自由時間＝幸福人生
朋友很多＝幸福人生
公司總經理年收入10億日元，所以他的人生幸福美滿。
我的祖母每天都過得很愜意，她一定很幸福。
朋友的FB有700個好友，他一定很幸福。
引發溝通錯誤的原因：接收方通過親身經驗（記憶），對說話方所述內容進行了刪減、扭曲、一般化的緣故。

Column 2

意識與無意識的特徵

在此簡潔地對意識與無意識的特徵做出歸納，請各位看右下表。

意識＝	思考（頭）	＝語言
無意識＝	身體	＝感覺

※這張表是作者獨創，一般在介紹NLP時並不會出現。

意識與思考息息相關。當我們考慮（思考）某件事物時，會使用語言做為工具。日本人會透過日語來進行思考，美國人會透過英語來進行思考。從這個角度來看，思考是一種掌握語言的過程，是一種已經掌握的能力。因此我們可以說，尚未學會說話的嬰兒並不具備思考能力。無意識被歸類在體感自然反應。譬如當一位被狗咬過的人看到小狗時，腦部（意識）會思考小狗的威脅性，但他就是不自主會對這隻狗感到懼怕，理性的作用減弱。這是一種通過身體感受到的恐懼。

前面曾提到，程式的寫入處於無意識，而恐懼症這個程式透過身體感覺啟動。當「大腦想法＝意識」與「身體需求＝無意識」相互牴觸時，會優先處理無意識的需求。因為無意識擁有的力量遠遠超過意識，這點在許多潛能開發書中都有提到。

譬如「想要減肥卻還是大吃特吃」、「想要早睡早起，結果還是睡到快遲到才起床」等情況，很多時候我們「明明知道這樣做不對，但就是停不下來」。這種情況腦部（意識）雖然了解，但身體（無意識）就是停不下來。NLP會教導大家認識無意識，讓自己可以將大腦的想法付諸實踐。

第二章

如何防止溝通錯誤？

企業組織約有90%以上的紛爭，起因都是溝通錯誤。本章節我們將針對造成溝通錯誤的原因和對策，進行探討。

GOOD DAYS
你是在詢問對方？還是在質問對方？
Story 2
為了防止溝通錯誤，我一定要好好詢問員工！
握緊
為了要創造爸爸理想的超市，
我要從改變自己開始。
開門
請問，
!!
登登登
你可以告訴我商品促銷的流程嗎？

咦？
登登登
你們都是怎麼賣這些商品的？
是採用怎樣的POP設計？
為什麼選擇這款POP呢？
……
喋喋不休
啊……啊。
緊盯
為了吸引顧客目光，所以我們採用黃色的POP……
好，我知道了！
躂躂
……
我想要問你有關清潔的狀況。
好的。
廁所是怎樣做清潔的？
你跟誰搭擋？花費多久時間？
紙箱怎麼處理呢？

呼……
詢問別人不是輕鬆的事。
都問得這麼仔細，應該不會再出現溝通錯誤吧！
！
竊竊私語
最近總經理變得不一樣。
嗯啊。
微笑
哦哦！這麼快就發現我的改變啦！
讓人感覺很不爽耶！
！
深受打擊
她一次問我一大堆問題，超累人！
她根本對超市的情況什麼都不懂！
刺刺刺
反正她根本就不信任我們啊！
唉！我們原本和樂融融的超市跑去哪啦？
抖動…
流血

會議室
喂，新妻先生！
我完全照你的方法做了耶！
我為了防止溝通錯誤，跑去詢問員工，
結果反而被他們討厭了啦！
這是怎樣？
好了好了，
你是不是錯把「質問」當成了「詢問」啦？
咦……？
質問……？
高壓式的詢問方法，讓你變得不是在問問題，而是在質問對方。
你是透過詢問的方式在苛責對方啊！

當一個人感覺受到苛責，他會本能地採取行動，
逃跑，
逃跑
或反抗。
反抗
我就從來沒有逃跑或是反抗啊！
哼
是這樣嗎？
你小時候有沒有反抗過父母親的碎碎念？
玩具整理好了嗎？什麼時候才要整理呢？
我現在正要收啦！
功課做完了沒？
跑得飛快
逃跑
咦
真的……
職場上也是相同的情況，
未經修飾的詢問，會成為一種質問！
！

預算的根據在哪？
嗯？
你要如何確保人力充足呢？
行銷方式呢？
煩躁不耐
煩躁不耐
你說的沒錯。
那你又是以怎樣的方法去詢問員工的呢？
你們都是怎麼賣這些商品的？
是採用怎樣的POP設計？
為什麼選擇這款POP呢？
也許我真的變成在質問……
啾
苛責
逃跑
反抗
人們只要一受到苛責，就會想要反抗。
但若將決定權交給對方，對方就會比較容易接受我們。
決定權
你說決定權嗎？
人們本來就對「安全與安心」有需求。
安全安心

若沒有決定權，代表自己沒辦法控制當下情況，
也就是說，無意識在這時候會感到不安全（危險）
沒有決定權
↓
無法進行決策
↓
不安全
嗯……嗯，感覺有聽沒有懂……
我舉個例子吧！雖然有點強硬……
嘶
但是我告訴你，這瓶果汁超好喝的！
你絕對要喝喝看！
登
登登
咦……
如果我採取這麼直接的方法向你推薦，你就會懷疑，因此在內心築起抵抗的高牆。
真的呢……
但是，
若是我將問法稍作改變，
問你說這瓶果汁好喝嗎？這樣如何？
咦……
我就會想這瓶果汁好不好喝……

沒錯，因為我將決定權交給你，所以你就能安心接收我的語言，再給答案。
好喝或難喝
沒錯。
由於我將決定權交給談話對象，對方獲得安心與安全感，因此就會容易接納我的話。
決定權
安心
安全
原來如此，當時我應該採取你那種詢問方法的。
但是太遲了……
超市員工和兼職人員會聽得進去我的詢問嗎？
讓人感覺很不爽耶！她一次問我一大堆問題，超累人！反正她根本就不信任我們啊！
我好像被討厭了……
那你只要讓他們能在短時間內，變得能專心聽你說話就行了。
！
如果我會那種技巧就不用這麼累了好嗎！
使用開場白框架（Pre-frame）就沒問題啦！
開場白框架？

「開場白」框架就是在談話前架設一個有效的框架（觀點）！
開場白框架
＝
事前架設框架
框架？
每個人都擁有自己獨特的框架（觀點）
通過這個框架（觀點），我們會為事件染上不同色彩。
事件
舉例來說，超市有「客訴」這回事，
你對「客訴」抱有著怎樣的印象？
客訴
這是我現在最不想聽到的……
處理客訴很麻煩，那是我不想碰的爛攤子……
吵鬧不休
吵鬧不休
所以對日吉小姐來說，「客訴」這個詞彙帶有負面的含意囉？
客訴
負面含意
每個人都會這樣覺得吧？

是這樣嗎？
有人認為接到「客訴」是向對方展現公司誠意的機會，因此將客訴視為一件好事呢！
客訴＝機會
你可以處理嗎？
我們能做得更好！
以「客訴」為契機，因此創造新商品的故事，經常時有所聞。
！
發明
方便撕開
醬油
也是有這種人啦……
的確
事件本身並不帶有任何顏色。
事件
卻依據每個人的框架不同，因此染上不同顏色！
開場白框架就是我們在進入主題前，將框架轉為對方較容易接受的形態。
原本的框架
開場白框架
超市員工們抱有「不喜歡被你詢問」這種框架，但是你可以使用開場白框架……
不喜歡

將框架事先轉變為「想被你問很多問題」就行囉！
拜託你多問我們一些問題！
咦！
突然
站起
如此一來，即便你問再多問題，員工都不會對你感到厭煩！
甚至隨著問題的數量增多，還可以建立雙方的信賴關係！
信賴關係。
請你等一下啊……
道理我是懂啦……
但這真的做得到嗎？
進行詢問前，你必須先告訴對方為何要進行此動作，這可是相當重要的部分。你的理由必須要合情合理，讓對方能夠接受。
接下來，你要把決定權交棒給對方。

這樣，員工都會很乾脆地接受你的詢問喔！
我、我懂了，我會試試看的……。
GOOD DAYS
咳咳

心跳加速
咦
有什麼事嗎？我這邊工作都很順利喔！
進行詢問前，你必須先告訴對方為何要進行此動作，這可是相當重要的部分。
大森小姐，平常承蒙你費心了！
咦？
拿起
促銷商品之所以能夠賣得如此好，
都是因為有你確實地將商品陳列好，讓它們容易被看見啊！

真的是非常感謝你！
！
嗯，你太客氣啦……
我沒有在超市工作過的經驗，
為了透過促銷商品吸引更多顧客，
我想要參考大森小姐你至今的工作經驗呢！
你要把決定權交棒給對方。
方便詢問你幾個問題嗎？
對我工作至今的經驗……
問問題嗎？
心～跳～
加～速

當然好啊！
你儘管問喔！
笑容可掬
咦？
嗯嗯。
開場白框架完成架設了……？
非、非常感謝你！
一週後
喀拉
你好
新妻先生！
我照著新妻先生的指示進行後，員工們都主動回應我的問題呢！
大家都變成好朋友了！
那真是太好了。
你已經完全掌握開場白框架的技巧了！
溝通錯誤的情況也因此大大減少了喔！
是這樣子啊！

為了讓溝通能進行的更加流暢，還有其他相當重要的元素！
嗯！
也就是親和感（rapport）、同步（pacing）、引導（Leading）。
親和感
同步
引導
那是什麼？
奮發向上
親和感就是信賴關係，
同步和引導都是為了建立親和感採取的方式。
前幾天我跟你說過。
我們在追求「安全、安心」。
安全
安心
當我們感到與某個人、某個環境在心理層次或是空間上擁有緊密關係，就會對產生「安心感」。
安心感
產生「安心感」，心門就會敞開，因此較容易接受對方的話。

的確，有些人只要跟他們在一起就如沐春風呢！
嗯嗯，沒錯。
同步就是一種建立舒適關係的有效方式！
一言以蔽之，同步就是去迎合對方！
唰
唰
迎合對方？
同
步
遇到講話步調較緩的人，你就要成為一個慢郎中，
遇到講話步調較快的人，你就要成為一個急驚風，
遇到講話聲調較大的人，你就要成為一個大嗓門。
談話對象的語速和語調，
「觀念」、「心之所繫」、「節奏（說話速度、呼吸）」，你通通都要去迎合！
唰

努力做到同步，談話對象的內心就會湧起一股非常貼近你的親近感。
親和感
「默契十足」就是在描述這種情況的詞彙。
想必你會成為對方樂於相處的存在。
這麼一想，
最近我與大家的笑點都一樣呢！
……
大家是否對我以經產生親和感？
當同步進行到一定階段，對方已經產生足夠深厚的親和感，就能開始進行引導的動作！
引導？
引導就是讓對方主動配合你的節奏。
親和感
同步
引導
呵呵。
咦？
你是說我不必主動去迎合對方囉？

若是雙方已建立深厚的親近感，對談話對象來說，我代表著安心，對方也就等於安心。
我＝安心
我說＝安心
我相信你說的。
謝謝你。
能夠建立起親和感，你所期盼的事物，超市員工們將會代替你完成。
那可真是理想中的關係呢！
我會努力經營與員工之間的關係，就進行引導。
加油吧！
幾天後
GOOD DAYS
這次要做什麼商品的促銷呢？
叩叩
怎麼啦？大森小姐，稀客稀客。
啊……總經理，這個。
那是什麼啊？
這是我構思出來的促銷商品候補清單。
咦？

總經理你也知道，商品銷路會隨著日期產生變化。
大家在發薪日前都會希望商品能便宜點，
但領到薪水又會想買些昂貴的商品，
所以我根據親身經驗列出了商品清單。
顫抖不已
你為什麼願意花心思這麼做呢？
因為，
這裡是「我們大家的超市」，沒錯吧！
嗚
哇
你怎麼啦？
嗚嗚嗚
真的是非常感謝你！

01 防止溝通錯誤的確認方法

什麼是資訊的本質

如新妻先生所述，企業組織約有九十％以上的紛爭，都是起因於溝通錯誤。若能改善溝通情況，就能防範組織內大部分的糾紛。約翰・葛瑞德是ＮＬＰ的開山元老之一，他曾在造訪日本時，對資訊傳遞做過如下譬喻：

「為了維持身體健康，營養必須確實傳遞至身體各處。血液做為營養的運輸管道，也必須維持暢通無阻。資訊在組織中正扮演著血液的角色，為了保持組織正常運作，資訊必須毫無阻礙地循環至組織各處。」

此譬喻，組織內的「資訊傳遞」是透過怎樣的一個方法在進行呢？

我們可以想到「會議」、「說話」、「電子郵件」、「電話」、「文件」等方法，這些都擁有著相同本質，這幾種方法**全都是以語言做為傳遞方法**。

不管我們採用哪種方法，都有可能造成溝通錯誤。正如第一章所提到，接收方很容易將語言和過往經驗作連結，來理解說話方的意思，因此說話方想傳遞的真實含意有時會遭到扭曲。

「語言傳遞完成，即代表內容傳遞完成」是妄想

日本企業在招聘新進職員後，在公司內部的員工研習等場合，「報．連．相」（報告、連絡、相談，日本企業重要職能之一）是新進員工最先會接觸到的學習內容。我任職的第一家公司相當注重教育研習，這方面的教育做得滴水不露。譬如當主管向員工傳達一項指示時，會要求員工在手邊備有紙筆，記錄重要事項，並且要向主管複誦指示內容，以求訊息傳遞正確。因此可以確保雙方在語言傳遞的正確無誤。即便如此，公司仍常出現溝通錯誤的情況。

剛才寫到「語言傳遞的正確無誤」，這邊的意思與九十一頁圖A所述，以語言層次進行的確認，意義相同。這時語言就已正確傳遞給對方，但理解的層次呢？有可能對方接收到質感的部分（理解層次）卻產生相當程度的扭曲。我多次向各位提過，這是因為我們會自發性地（無意識地）將對方所述、所寫，透過親身經驗做出不同的理解。因此即便主管要求員工作筆記，也進行複誦的動作，但只要確認動作仍處於語言層次，在理解上或多或少都會出現扭曲的現象。

真正在進行確認時，應該要注意說話方想傳達的內容（經驗層次）與接收方接收到的內容（理解層次）的一致性。為有效防止溝通錯誤，重要的地方並不在**要求對方複誦「聽到的內容」，而是必須確認自己「想要傳達的內容」是否已被對方理解。**為達此目的，必須先承認「語言傳遞完成，即代表內容傳遞完成」是一個妄想。

語言的傳遞，不代表內容已確認

圖A：語言層次進行確認

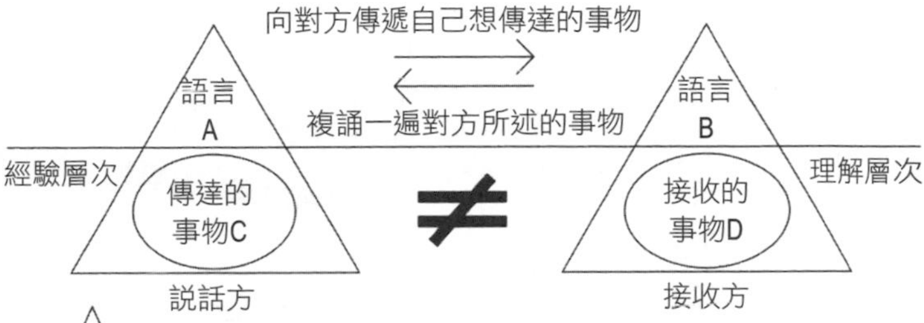

在語言層次雖已經確認（A＝B），但是每個人的理解會因為自己的過往經驗而產生扭曲，所以無法完全正確傳遞自己想要傳達的事物（C≠D）。

圖B：經驗層次進行確認

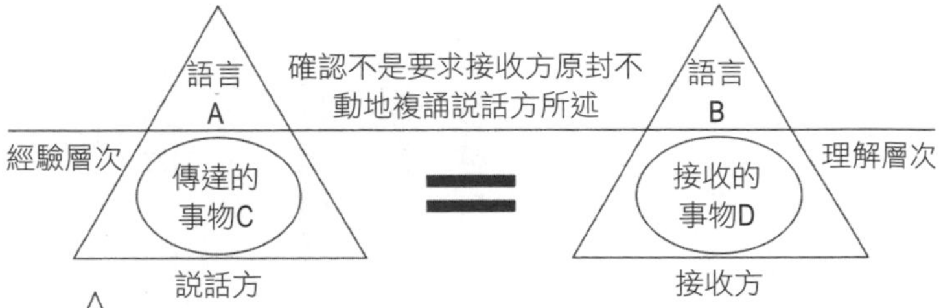

我們並不需要讓所說語言（A）與所聽語言（B）保持一致，而是要讓想傳達的事物（C）與接收的事物（D）保持一致（C＝D），才是真正要確認的部分。

造成溝通錯誤的雙重過濾器

02

⇩ 溝通的雙重過濾器

該如何就說話方的經驗層次進行確認呢？

各位必須知道，錯誤溝通的發生通常有兩個原因。

「說話方將親身經驗轉換為語言（九十三頁的過濾器Ａ）」是第一階段，接下來第二階段是**「接收方嘗試透過親身過往經驗，去理解說話方的意思**（九十三頁的過濾器Ｂ）」。

正如第一章所述，當說話方在把親身經驗轉換為語言時，會產生刪減和扭曲現象。位於經驗層次的完整資訊大半都遭到刪減，或是遭到特定觀念的扭曲，而形成語言。各位應該已經知道，這時的語言表達，含有的資訊已經相當不完整。為了有效防範錯誤溝通，**必須將這些不完整的資訊轉為正確的資訊（原本的資訊，即經驗層次）**。

溝通的雙重過濾器

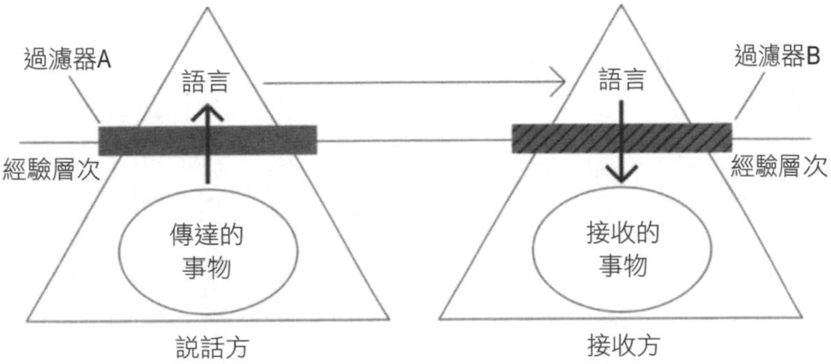

- **過濾器A**：過濾器A設置於說話方的經驗與語言間。會將說話方的經驗轉為扭曲的語言。
- **過濾器B**：過濾器B設置於接收方聽到的事物與其理解間。在此，接收方將會把說話方的語言跟自己的過往經驗（記憶）做連結，來理解對方說的話。

↓

為修正溝通錯誤，必須拆除這兩個過濾器。

補充說明：在修正過濾器A時，修正刪減、扭曲的詢問方法，具有很大的助益（請參照九十四頁）。但不需要在所有對話都費神使用這種詢問方法。當各位面臨會議等不容許錯誤溝通的重要場合，則可使用這種詢問方法。

⇩ 如何還原正確資訊

刪減和扭曲，是造成資訊不完整的原因，所以有必要「還原受到刪減的資訊」和「還原受到扭曲的資訊」。善用詢問的技巧，能幫上大忙。

舉個例子，假設有個經驗是「三歲的瑪莉不小心從椅子上摔下來，撞傷手肘」。當瑪莉的母親慌張地告訴你「瑪莉出意外了」，你也許會聯想到瑪莉是出了交通意外。因為在很多人的大腦中，意外通常就是代表著交通意外。假如在此階段接收錯誤資訊，你會開始問「有沒有跟醫院或是警局連絡呢？」讓對話方向完全走偏。

如果這時了解「語言會受到刪減與扭曲」，事情會如何發展？你的腦中應該浮現許多問題，透過設想**「參雜著怎樣的刪減？」「參雜著怎樣的扭曲？」等問題**，藉此還原事件的全貌。

前例中，瑪莉「所出的意外」尚未明朗，因此我們相當容易就能得到隱藏著刪減與扭曲的結論。

可以詢問瑪莉的母親：「是怎樣的意外？（還原受到刪減的資訊）」「受

傷程度如何？（修正扭曲）」，就可以得到「瑪莉不小心從椅子上摔下來，撞傷手肘」、「手肘發紅腫起」的答案。

只要詢問瑪莉的母親：「真的嚴重到稱為意外嗎？」對方就會發現自己很混亂，因此稍微冷靜下來。在語言傳遞的過程，有可能會因為一些細微因素造成誇張的理解，這部分將在這章節為各位做更加詳盡的說明。這時代表親身內部發生溝通不良的情況。

我們只要像書中所述，進行兩、三次詢問，就能還原正確資訊。

但當你與朋友閒話家常，或在職場與對方說一些社交辭令時，就沒有必要去修正這些刪減與扭曲。如同在第一章提過，正是因為有刪減、扭曲的存在，才能讓談話不至於冗長無趣。而在面臨與客戶的重要商談，或是決定企業經營方針的重大會議，錯誤理解（扭曲）會引發嚴重後果，此時可採用本章節介紹的詢問方法。

03 將收到的情報回饋給對方

在九十三頁的圖表中，提到「過濾器A」與「過濾器B」是造成溝通錯誤的原因。透過詢問，能達到修正刪減、扭曲的效果，還原「過濾器A」過濾掉的資訊。

接下來告訴各位，到底要採取怎樣的過程，才能防範「過濾器B」造成的錯誤溝通。

判斷「對方想要傳達的」與「自己的理解」

透過詢問來修正刪減、扭曲，讓對方想傳達的資訊更加具體。減少接收方必須通過親身經驗去填補空白的負擔。我在「空白原則」中，曾向各位介紹，談話內容若是很複雜，為了要理解，就必須靠更多親身經驗去補充。

將抽象的語言轉為具體，自己與談話對象大腦的印象也會大大接近。就算語言表現多麼具體，接收方都需要將語言跟親身經驗連結，才能理解意義，因

此接收方大腦的印象，可能與說話方想要傳達的內容，兩者有極大出入。

第一章我為各位介紹飯店住宿的例子，這是一個大家都經歷過的簡單例子，因此可以輕易地在腦海勾勒出圖像。每個人的大腦圖像當然不至於南轅北轍，但對圖像的質感卻有極大不同。但有時這種質感的差異會造成決定性的錯誤。

舉例說，當你聽到「聯誼」，腦海會浮現出怎樣的圖像呢？

當我還是一位NLP的學員，有一次與幾位學員針對「聯誼」展開談話。我在學生時期參加過幾次聯誼，舉辦地點都在居酒屋，因此我對聯誼的印象就是吵鬧的居酒屋。當我懷念地談起我的經驗，學員回我說「才不是什麼居酒屋，我們是辦在法式餐廳耶！」由於我只有在居酒屋進行聯誼的經驗，從沒去過法式餐廳聯誼，因此我很難想像在法式餐廳聯誼的情況，也發現原來雙方的談話內容完全牛頭不對馬嘴。

我們透過親身經驗，將大腦的某個圖像（地圖）傳達給對方，而當這個圖像不同於對方大腦的圖像（地圖）時，兩者的差別必需會回饋給雙方。若是能早點發現雙方在認知的差別，就可以避免嚴重溝通錯誤的發生。

不時告知對方，對方所說的，在我們大腦所產生的圖像，可以確保在談話**過程中，雙方抱持相同的認知。這時的操作重點在，以「自己的語言」向對方傳達自己所有的「圖像質感」**。在聯誼的例子中，「數名男女聚餐，享受談話樂趣」的部分並未出現歧異，但是「法式餐廳」和「居酒屋」就完全不相同了。

一旦雙方的大腦圖像不同，不只是會溝通不良，談話也很難兜在一起，雙方就不易建立親近感（信賴關係）。

這時應該要確認自己是否有正確接收到說話方想傳達的資訊，但即便我們複誦對方的內容，也不能當做確認。**請試著以自己的詞彙來描述，進行理解。過程要將重點放在質感。**

如何防範在接收語言的過程中，產生溝通錯誤

必須確認「對方想要傳達的事物」與「我所理解的事物」是否相符。

重點

- 以「自己的語言」表現（不是要你複誦一遍）
- 向對方傳遞自己腦海中的「圖像質感」。

舉例來說

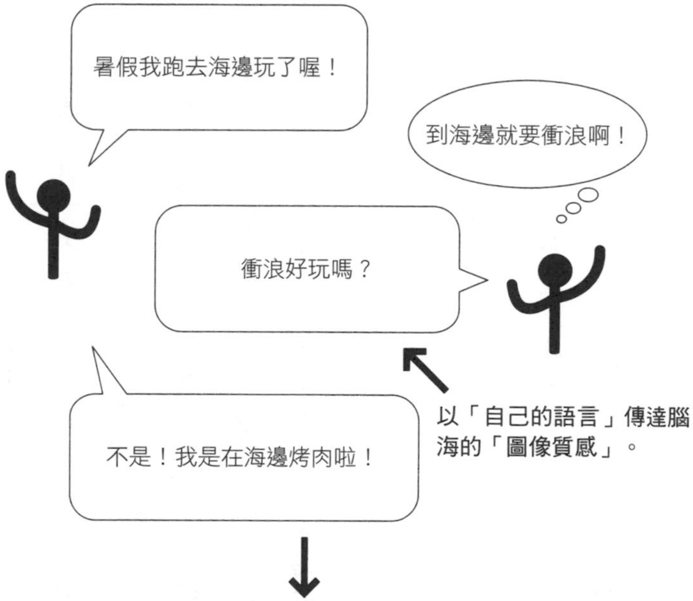
暑假我跑去海邊玩了喔！
到海邊就要衝浪啊！
衝浪好玩嗎？
不是！我是在海邊烤肉啦！
以「自己的語言」傳達腦海的「圖像質感」。

可早期發現雙方認知有所不同

04 涉及刪減、扭曲的詢問方法

我已經傳授給各位幾個技巧，幫助各位修正說話方將親身經驗轉化為語言時，所出現的「過濾器Ａ」，和接收方在理解說話方語言時，所出現的「過濾器Ｂ」，防範在這兩個部分出現溝通錯誤。各位可以試著在日常會話的場合中使用這些方法。根據ＴＰＯ（時間、場所、場合）不同，就刪減、扭曲進行詢問，或是直接告知對方自己大腦理解的圖像。若在會議等重要場合，配合不同的方法，會有更好的效果。

⇩防止溝通錯誤的先後順序

曾經有段時間，由於我喜歡音樂鑑賞，迷上音響的相關產品。音響的構造並不複雜，播放程序是①ＣＤ撥放器的軟體（ＣＤ）讀取資訊。②擴音器調節音量。③最後喇叭將聲音播放出來給我們聽。ＣＤ撥放器是上游，音響是下游，雖然每個程序都非常重要，但我認為「ＣＤ播放器」具有最核心的地位。

因為原始資訊就在這裡，而軟體（CD）提取的資訊擁有怎樣的品質，會決定程序擁有怎樣的可能性。若CD播放器品質低劣，那傳送至下游的資訊也可能品質不好。如果採用高品質的擴音器與喇叭，會忠實地對品質低劣的資訊（粗糙的音源）進行調節，音質聽起來反而更粗糙。

同樣地，進行溝通時，上游資訊也特別重要。通過「過濾器A」傳遞的資訊品質粗劣，即便接收方努力修正「過濾器B」產生的扭曲，也只能呈現質感粗劣的資訊。

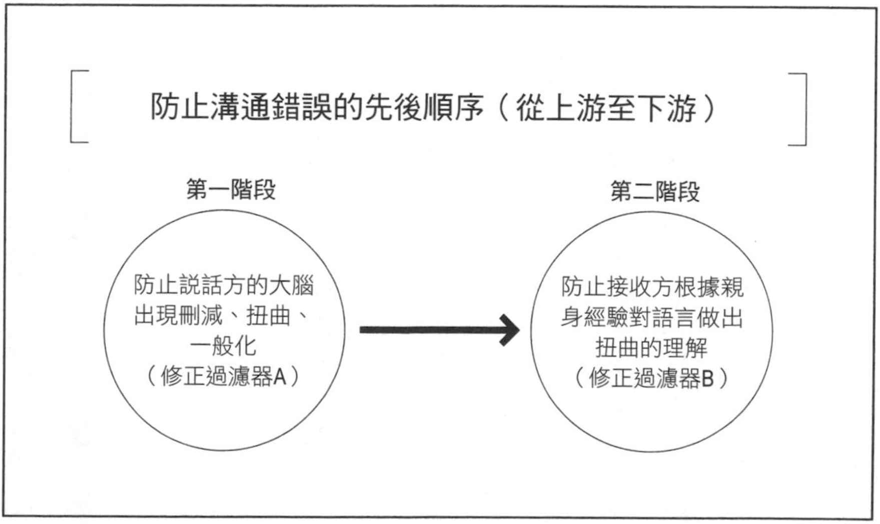
防止溝通錯誤的先後順序（從上游至下游）
第一階段
防止說話方的大腦出現刪減、扭曲、一般化（修正過濾器A）
第二階段
防止接收方根據親身經驗對語言做出扭曲的理解（修正過濾器B）

依照一〇一頁所述，防止溝通錯誤的優先順序是①「還原上游資訊（說話方的過濾器，過濾器A）的正確性」。②「修正下游資訊（接收方的過濾器，過濾器B）」。

⇩尖銳的質問會破壞親和感（信賴關係）

此節說明防止溝通錯誤的注意事項。**當我們進行詢問，希望能修正刪減、扭曲時，往往會讓詢問過程變得像在質問，導致破壞雙方的親和感。**

親和感就是雙方相互維持敞開心胸的狀態。當一個人對某人抱持好感，就很容易接受對方敘述的內容，面對討厭的人時，會處處抱持成見，容易對語言產生扭曲和誤解。因此所有的溝通，維持親和感是最基本的條件

「在會議場合，有人對你提出的企劃案追根究柢地進行詢問」這樣的情景部分各位應該不陌生。當對方如連珠砲般地追問：「某事物的定義是？」「這個企劃要做多久？」「花費的成本呢？」「請您告訴我某某部分更為具體的數據？」等各種問題，將會產生一種受到攻擊的感受。

在我之前任職的公司，主管是位思路非常清晰的人物，每當我提出企劃

案，都會遭受到尖銳的詢問，害我總是非常緊張。因為這位主管的檢查，讓我能把受到刪減的資訊重新整理，傳達給主管。雖然這使得我在會議等場合與主管可以抱持完全相同的認知，卻令我極度緊張，屢屢想迴避與主管提案。

當然發問方是因為不懂，才進行詢問，這是為了能還原受到刪減、扭曲的資訊，從溝通的觀點來看是正確的行為。

但被銳利詢問的人會感到不舒服。因為我們的無意識不會追求溝通的正確性，安全、安心才是無意識的追求。因此當我們進行詢問，以還原受到刪減、扭曲的資訊，也必須保持親和感。建議各位，要多想辦法建立「如何詢問可增加親和感」。這就是良好的**開場白框架**。

05

歸納完畢再行詢問

什麼是開場白框架

開場白框架（pre-frame）最前面的「pre」代表「開場白」，而「frame」代表「框架」。拿來擺放畫作、圖片等物品的器具就是一種框架。開場白框架的意思是「事前就將其擺入框架（狀況）」。簡單來說，各位可以想成**「讓對方擁有正面主動的先入觀點」**。

應該有人聽過換框法（reframe）。換框法主要是將特定事件和狀況的意義轉負為正。

對於相同事件，每個人會根據各自的觀點進行扭曲，產生不同的理解。譬如面對一道數學難題時，有人會感到排斥，但也有人對挑戰難題感到樂此不疲。根據看事情的角度不同，對同一事物的感受有可能會南轅北轍。

不同的印象，會造成對同一事物的不同反應

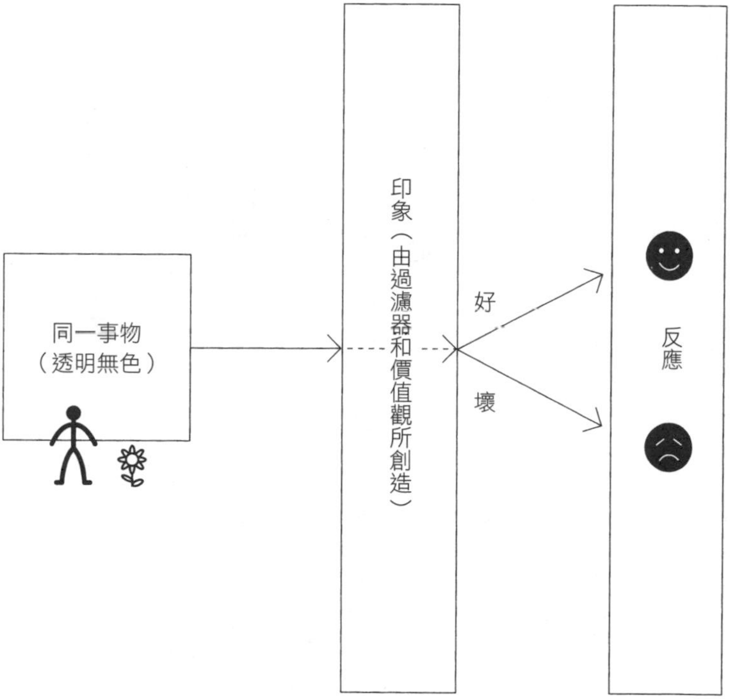

事物本身的價值是透明無色（不好不壞）。透過價值觀等因素判斷事件印象的好壞，決定了我們的反應模式。

透過上頁圖表，可以發現事物本身其實透明無色，是印象決定了事物的價值，引發不同反應。

⇩將「質問」變為「主動發問」的訣竅

假設你是某家公司的課長。你的主管──部長擬訂了一項企劃，傳達給你。你身為公司的課長，也是工作現場的領導者，必須對部長想實現的企劃狀態和完成順序進行理解。

說話方大腦的印象和接收方大腦的印象天差地遠，因此面對重要的企劃案等事物，都應該要仔細確認清楚，即便問的事項對部長來說理所當然。但如果冒冒失失，對部長追根究柢進行詢問，以便修正「過濾器」（請參照九十三頁）產生的刪減、扭曲，情況又會如何發展？其中包含基礎部分的詢問，如果兩人沒有擁有十分堅固的信賴關係，部長就有可能對你的詢問感到厭惡。

如果你在詢問時，事先拋出以下的讚美字句呢？

「這真是一個很棒的企劃案啊！我非常希望能夠與同仁們同心協力，讓企劃案像部長所構思的成功！所以我希望能更加了解部長擬訂的企劃案，我想要

針對企劃案詢問一些詳細的問題，請問您覺得如何？」

這時，部長就會想說：「這真是一個充滿熱誠的課長啊！」

①提問前，請先設定狀況，讓部長容易接納，並對刪減、扭曲進行詢問。

②再進行一連串的詢問。你會發現，越是詢問，在部長眼中越是一位盡職的人呢！**像這樣，開場白框架能讓對象在談話中對你產生肯定的先入觀點。**

觀察善於溝通者的談話，可以發現他們會在談話中創造適當的氣氛，以便將話鋒轉往正題。在傳達訊息前，他們會有彈性地先創造適當的談話環境。部分人認為，傳遞重要訊息，就應該單刀直入地進入正題，但想傳遞的訊息越重要，越應該使訊息讓對方容易接納。

前面的章節已反覆提過，**將什麼東西傳遞給對方，並不是溝通的重點，如何傳遞才是重點**。正因如此，希望各位能仔細準備開場白框架。

06 三大步驟防止溝通錯誤

⇩ 從開場白框架開始做起

各位已經了解防範溝通錯誤的順序，以下將統整為三大步驟。第一步是**開場白框架**。讓談話對象抱持先入感，較易接受我們的詢問。第二步針對**刪減、扭曲進行詢問（修正過濾器A詢問）**。在開場白框架的操作上，針鋒相對的詢問方法，可能會變成「質問」，因此在使用上需小心留意。為了讓對方容易接受我們的詢問，請用「笑容」和「溫和平穩的語調」。最後一個步驟是確認，也就是進行詢問，**讓「說話方」與「接收方」的大腦獲得一致性（修正過濾器B）**。這時需要透過親身經驗，向對方仔細傳達。若發現雙方理解有差異，請詳盡地說明大腦的圖像質感。

※有關「過濾器A」與「過濾器B」的詳盡內容請參照九十三頁。

防止溝通錯誤的三大步驟

步驟1

開場白框架

向對方進行詢問，修正「過濾器」，對方不會感到被質問。這是為了防範溝通錯誤發生的步驟。

↓

步驟2

進行刪減、扭曲有關的詢問

為了讓對方能接受我們的詢問，需要保持「笑容」和「溫和平穩的語調」。

修正過濾器A的詢問

↓

步驟3

確認

將聽到內容以「自己的話」表現，向對方傳達自己的「圖像質感」。

修正過濾器B的詢問

07 加深信賴感的小訣竅① 將決定權交給對方

將決定權交給對方，增加親和感

我曾以「教練指導」（Coaching）為題，舉辦過企業員工研修會。教練指導就是一種「以詢問為主體，誘發自主性的溝通模式」。「詢問」會在大腦創造出空白區間，就如在「空白原則」敘述的內容，當大腦出現空白，就會全速運轉，所以當員工受到主管詢問時，會擷取各種親身經驗，自發性的尋找解答。**受到催促展開行動，對自行決定事物，抱持更深的認同感。**

若完全沒有進行事前準備，就詢問對方，會造成對方的不快。我們每個人其實都抱持相當強的安全感傾向，想要以親身經驗過生活，若大腦在思考某項事物時，突然受到詢問，就會感受到親身經驗遭到打亂，這時會驚慌失措（感到危險），沒辦法放鬆，無法提起精神對詢問作答。

此時，只要說一句「我可以問你問題嗎？」對方就會容易接受詢問。

我們握有決定權時，會產生安全感。當我們向對方提出「可以問你問題嗎？」的時候，代表我們將回答的決定權交給對方，因此對方的無意識會認為能以親身經驗進行生活，感受到安全感。

前文為各位介紹開場白框架的例子中，向對方拋出「我想要針對企劃案詢問一些詳細的問題，請問您覺得如何？」等字句，我們可以發現，例子中，除了設定讓主管輕易接受詢問的框架，也將決定權交給了主管。當我們在設定狀況，架設能輕易對刪減、扭曲進行詢問的框架時，也將決定權交給對方。當對方接收決定權，感受到安全感時，便幾乎不會拒絕提案內容。只有在感受到危險時，人們才會有拒絕的念頭。

善於溝通，創造安全框架

我在第一家任職的公司（經營顧問公司）擔任業務，順利成為公司的王牌業務員，當時我總將「別主動推銷」這個想法放在心上。

不少人感到意外。怎麼會有不主動推銷的業務員呢？其實只要翻開許多王牌業務員撰寫的書籍，可以發現不少人與我抱持相同想法。**客戶當然會有購買商品的欲望，但不希望是在受到壓迫的情況下。**

無論是誰，當遇到業務員，多少會感到緊張，初次見面時更是如此。試想，業務員若在這時將想要推銷的心態表露無遺，客戶會怎麼想？想必會擺出防禦姿勢。這樣代表對方關閉心門，業務員說的話無法深入傳遞。即便業務員擁有多麼豐富的商品相關知識，也無法靈活運用。

不僅限業務活動，讓對方接收到你的親身經驗，是溝通的基本要項。雙方關係的經營才是重點。創造雙方關係時，提供對方安全感是最大的重點。正如先前所述，無意識（潛意識）將安全和安心視為最重要的事。

客戶對業務員言聽計從，不是好事。業務員越強勢，對客戶造成的恐懼感就越大。強大的交易對象在雙方擁有良好信賴關係時備受青睞，如果欠缺充份的親和感，反而會突顯自己位於弱勢。

不只我會對初出茅廬的菜鳥業務員抱有親和感。在此情況，無意識會判斷「對方弱小（新人），代表我方強大」，感到安全和安心，因此能敞開心房。

我曾是位王牌業務員，卻不會主動進行推銷。客戶覺得我是位草食系且具有療癒效果的業務員，因此能安心地向我傾訴公司經營方面的難處，主動詢問我「你有沒有什麼好提案能解決這問題呢？」我因此向客戶提供商品。現在想來，當時我自然而然就創造「將決定權交給客戶的開場白框架」。

客戶抱持有「想解決某個問題」的想法，但是「不想被強迫推銷，而是想要自行決定是否購買」。這裡的操作重點在提供客戶安全的環境，能自然吐露心聲。我們都抱持想與他人建立深厚情感的願望。當我們提供對方安全感，卸除對方的防衛意識，對方就會主動敞開心房。

08 加深信賴感的小訣竅② 回溯法

建立親和感

擁有信賴關係（親和感）是溝通時最重要的要素。我將防範溝通錯誤的方法，分為如一〇九頁的三大步驟，與對方是否建立起良好關係，將會決定這三大步驟能否有效。因此進行開場白框架（步驟1）的操作前，還有一個步驟0，就是要先建立親和感。

同步是建立親和感的王道作法。

有很多方法能建立親和感，前面為各位介紹過，向對方提供決定權是其中之一的方法。我要介紹另一項相當有用的技巧，就是**回溯法**（back tracing）。

回溯法於第三章才會正式登場，在此先提前做個介紹。

先來看看，使用回溯法的情況和沒有使用回溯法的情況。

使用回溯法的對話v.s.沒有使用回溯法的對話

● 對話例1（使用回溯法）

A：你休假日都如何度過？
B：我通常會閱讀。
A：你很常讀書。
A：你偏好閱讀哪個領域的書籍？
B：我喜歡推理小說。
A：你很喜歡推理小說。
A：推理小說的哪點吸引你？
B：閱讀過程你會無法預測劇情發展，心跳加速而感到興奮。
A：原來如此，你會對無法預測的劇情走向感到興奮啊！

● 對話例2（沒有使用回溯法）

A：你休假日都如何度過？
B：我通常會閱讀。
A：你偏好閱讀哪個領域的書籍？
B：我喜歡推理小說。
A：推理小說的哪一點吸引你？
B：閱讀過程你會無法預測劇情發展，心跳加速而感到興奮。

在對話例1，A先生採用了回溯法，讓B先生能順著話回應，因此在心中產生了認同感。營造雙方對話有來有往的氛圍。對話例2則變得像在質問。

⇩重複對方說過的話，增加親和感

除了ＮＬＰ，進行教練指導或心理諮商時，也必須學習「回溯法」，這是創造親和感的基本功。回溯法也可稱為「鸚鵡學舌」。操作方法相當簡單，只要原封不動地重複對方敘述內容就行了。

也許實際對話與一一五頁的對話例採用文字的呈現會給各位不同感受，對話例1的對答相當自然流暢，對話例2則給人一種敷衍的感覺。

特別是在對話例1中，A原封不動地重複B的講話內容，不論B是否說出口，其實對方都已默默在心中說（ＹＥＳ）了。每當使用回溯法的技巧時，對方幾乎都會在無意識（自然地）的情況點頭稱是。相較下，對話例2感覺僅是向對方拋出三個質問的問題，B在對話中並沒有點頭稱是。

此處的「讓對方點頭稱是」、「讓對方表達認同感」、「在心中給予認同」，都能加深雙方的親和感，代表對方對我們的詢問內容都給予**「認同感（ＹＥＳ）」**。**「認同感（ＹＥＳ）」在無意識代表「接受」**。表達越多的「認同感（ＹＥＳ）」，心房便越容易敞開，雙方關係因此能變得和樂融融。

回溯法還擁有另一個增加親和感的效果。我們都想要確認親身所述的內容。即便對話進行時，也會無意識地反省自己傳達給對方何種訊息。若讓談話對象使用回溯法，等於對方在代替我們進行反省，因此減輕負擔，讓我們能在更安心的狀況下溝通，這樣能讓談話對象感到舒適。

使用回溯法的注意事項

只有在配合對方步調進行談話時，才可以加入回溯法。若不配合對方步調，談話反而會不順利。舉例來說，我們很容易對講話步調緩慢的人使用回溯法，但當我們面對講話誇張的人，頻繁使用回溯法，就會打斷對方講話節奏，讓對方感到壓力。因此與語速、說話步調快速的對象談話時，請讓我們專心迎合對方說話，簡短而快速地使用回溯法即可。

Column 3

同步和親和感

同步就是配合對方的步調（說話速度等）或興趣。在NLP的世界，認為可以透過同步來建立雙方的親和感（信賴關係）。擁有親和感，代表雙方處於心房相互敞開的狀態，當談話對象感到安心，會無意識地敞開心房。我們雖然想要向處不來的主管敞開心房，但是一來到主管面前仍會不自主地感到緊張，緊張感代表心房緊閉。也就是我們擅自關閉了心房。就像上面所述，親和感是由無意識決定。

我們會在怎樣的情況感到安全？

我們會在感到「充分了解」的情況下敞開心胸。正如我在「空白原則」的解說，大腦最害怕一無所知的狀態。

我們會想要了解怎樣的人？答案就是「與自己相同的人」。正如一個沒有品嚐過砂糖的人，即便閱讀砂糖的專業書籍，也無法理解甘甜滋味，真正理解是建立在經驗（身體）之後，而不是語言（大腦）。只有親身才能進行經驗，所以能夠理解喜好和抱持的觀念。因此會對與自己擁有相同觀念的人感到親切感，感到安全而敞開心房。所以只要配合對方特性和珍視的事物進行談話，就能建立親和感。這種配合對方的行為模式，就是「同步」。

第三章

有效溝通的語言模式

有效修正溝通過程產生的「刪減」、「扭曲」、「一般化」，要怎麼做才好呢？在第三章我們將介紹具體的用詞，和後設模式。

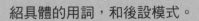

「我被部長討厭了！」
Story 3
最近這裡真是煥然一新啊！
以前這裡就還好，感覺只是一家平凡的超市而已。
歡迎光臨
但最近連小細節都做得滴水不漏，逛起來非常舒服啊！
嘿嘿嘿
最近我跟員工還有兼職人員都建立起親和感。
所以店面的風評也越來越好，
真是一個好結果呢！
你為什麼連這麼簡單的事情都做不到！
嚇一跳

我很困擾，你以為自己永遠都是新人嗎？
對工作要抱有更高的職業意識才對啊！
抱歉，我會更謹慎的。
怎麼了？
剛來沒多久的戶越先生，訂貨出了問題，因此被部長罵！
最近大家都意識到成本考量的重要性，我也努力想為店裡節省成本。
你再這樣搞下去，客人又都要跑光了。
原來如此。
麻煩再加點油吧！

你還好嗎？
總、總經理！
你好像被部長罵得很慘。
對不起，我在訂貨上出了錯。
事情都過去了，這也是沒辦法的事。
接下來要細心點，別再犯同樣的錯就好。
我……真的很沒用。
咦？
我做什麼事都做不好……
而且又常常被部長臭罵……
每個人都經歷過失敗。
部長對我很嚴厲。
嗯

他每次都會把吃重的工作丟給我……
動作快一點
或是在快要進入休息時間前，對我說「你這個半吊子有空休息嗎？」……
我搞不好是被部長討厭了。
討、討厭你？
部長再怎麼樣也不會做那種事。又不是小孩子……
可是……
總經理之前有被主管盯過嗎？
咦？
你還沒做好嗎？
是不是有點太慢啊？
嗯嗯
有……有啊。
你看吧！
這是兩碼子事啊……
一樣好嗎！
我被部長討厭了啦！

他這麼對我說，我真的不知道該說什麼。
當我還是新人時，經常被主管刁難，
所以我感同身受啊！
當然我是因為懷才遭忌…
是這樣嗎？
……
我對戶越先生的想法有點在意。
對啊……
部長對大家都很嚴厲
我經常被他臭罵……
怒氣
怒氣
身為總經理，你若不再多深思熟慮點，員工會很困擾啊！
是、是的。
戶越先生比較脆弱，我不希望他太過在意……
身為總經理，我一定要想個辦法才行啊！
沒錯，我們要讓他知道自己並沒有受到特殊對待。

前一回在框架的部分也曾提到過，事件本身是透明的。
我們傾向在無意識的情況，對事件進行刪減、扭曲、一般化，所以會得到相當偏頗的解釋！
他對部長產生了極大扭曲呢……
我被部長討厭了啦！
這正是個好機會。
嗯？
今天就讓我來教你，如何利用「後設模式」來解決問題吧！
啵
後設模式？
後設模式
後設模式是一種恢復溝通方面「正確性」的方法。

我曾跟你說過，當我們在進行溝通，
將想傳達的經驗轉為語言時，大多會進行刪減、扭曲、一般化等動作。
刪減
扭曲
一般化
是那個。
是這個。
還是那個。
「完整的資訊（正確的資訊）」意即「沒有極端主觀想法」，存在「深層結構」中！
語言
刪減
扭曲
一般化
經驗
語言僅位於表層結構。
透過詢問，可取回「落的資訊」，讓「極端的主觀想法」瓦解！
上次我們將重點擺在如何防範錯誤溝通，
這次要將重點擺在使用後設模式解決問題，透過詢問取回「正確資訊」。
解決問題。
英語的語言學，將詢問分為12種類型，最後應運而生的便是「後設模式」。
才12種？
這小意思啦！
你沒有必要全部背下來啦！
呵呵……
後設
在日常生活，談話對象不太可能會如同例子所述與我們進行對話。
因此，比起強背硬記，理解本質才是重點。
本質

刪減

①**不特定名詞**：何物？何人？去哪？具體的指示內容遭到刪減。

②**不特定動詞**：動作是如何進行的呢？具體內容遭到刪減。

③**比較**：比較對象遭到刪減。

④**判斷**：評價或是判斷標準遭到刪減，或負責判斷的人物沒有明確表示。

⑤**名詞化**：原本為動態的語言（動詞），被轉為固態表現（名詞），意思因此遭到曲解。

扭曲

⑥**X＝Y的表現**：譬如「美人都很冷淡」等語句中，「美人（X）＝冷淡（Y）」，表現上將兩者連結在一起，因此造成兩者具有相同意義。

⑦**前提**：某種前提遭到隱藏。

⑧**因果**：認定某個原因造成某種結果

⑨**臆測**：明明沒有充足證據，卻對他人心情和想法妄下評斷。

一般化

⑩**表現可能性的特定助動詞**：自我設限（做得到、做不到、可能、不可能）。

⑪**表現必要性的特定助動詞**：自我約束（應該做、不應該做）。

⑫**不承認一切例外的表現（廣義量詞）**：

總是、全部、每個人都是、絕對不是、沒有任何一人，這些表現或是對一切可能性給予肯定，或是否定一切可能性，不承認所有例外。

為了方便理解，我大膽將常見於NLP的表現拆解，成為此頁的後設模式12種類型。NLP的正規表現請參照155、159、161表格。

這理就是12種類型
進行刪減時，請確認是否有抽象表現。

扭曲就是偏頗的想法。

一般化就是因為意識到想要簡化世界，因而創造出來的主觀想法。

原來如此……

的確每個項目的資訊都有所缺失，而導致雙方在互有誤會的情況下進行對話！
要根據當時狀況進行詢問！
如前面所述，使用後設模式，不能轉為質問的方法！
親和感
請注意，要透過「同步」來維持親和感！
無論如何，親和感都是最重要的！
因為雙方沒有建立親和感，語言就不能傳遞順暢啊！
沒錯。
後設模式是否能成功，
取決於雙方是否已建立親和感！
後設模式
親和力

我最近都會留意自己的呼吸、語速、行動，來配合談話對象喔！
你的心態很好！
我教你一個簡單的方法，讓員工卸除心防，建立起親和力吧！
簡單的方法？
就是「回溯法（鸚鵡學舌）」！
回溯法
鸚鵡學舌？
回溯法，是將談話對象語原封不動敘述給對方聽！
A
A?
Yes
能讓對方說出許多YES，就能增加彼此的親和感！
?
讓我們來模擬看看吧！
我要使用回溯法，一定會讓你點頭稱是喔！

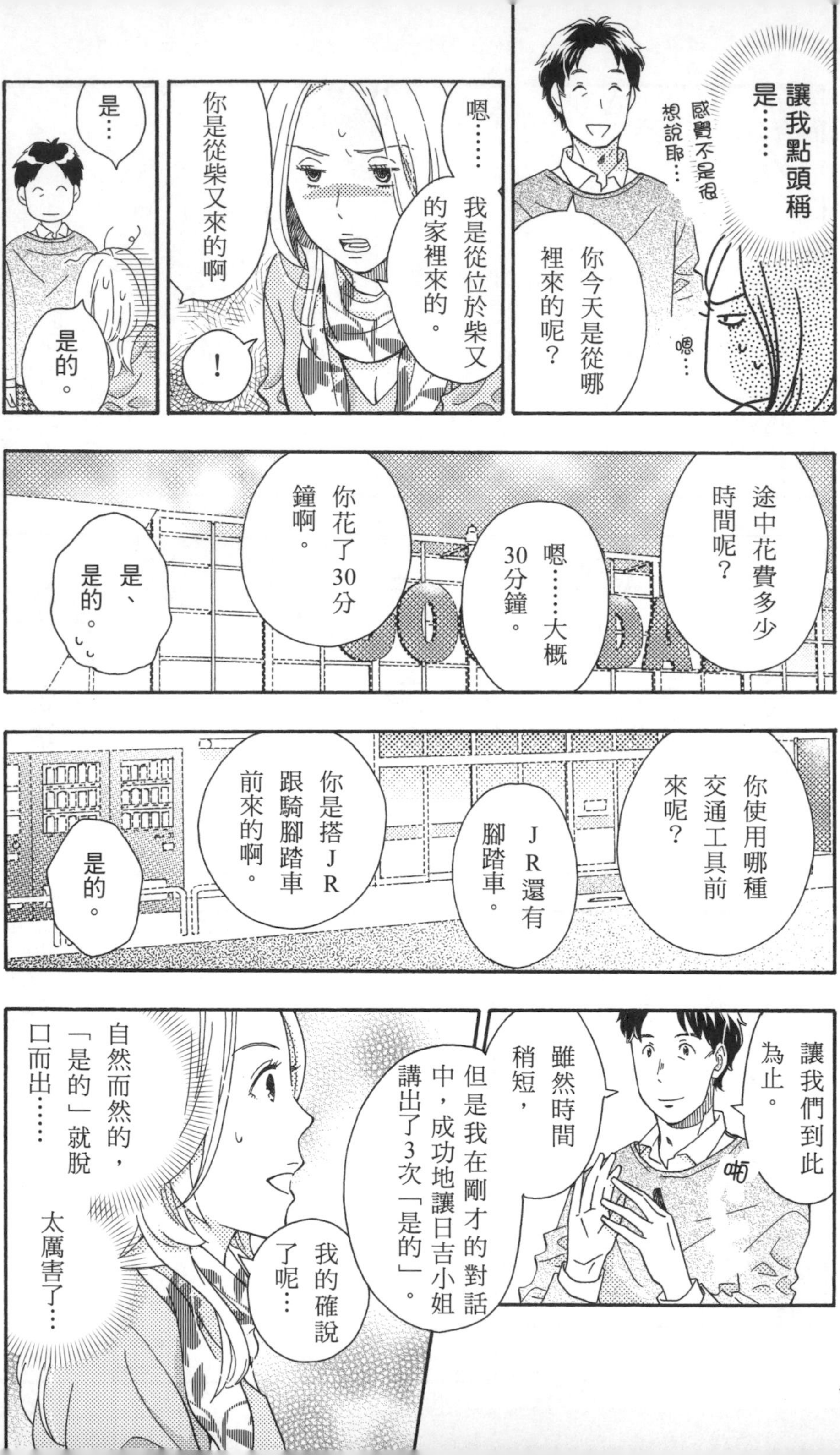
讓我點頭稱是……
感覺不是很想說耶……
嗯……
你今天是從哪裡來的呢？
嗯……我是從位於柴又的家裡來的。
你是從柴又來的啊
！
是……
是的。
途中花費多少時間呢？
嗯……大概30分鐘。
你花了30分鐘啊。
是、是的。
你使用哪種交通工具前來呢？
JR還有腳踏車。
你是搭JR跟騎腳踏車前來的啊。
是的。
讓我們到此為止。
啪
雖然時間稍短，
但是我在剛才的對話中，成功地讓日吉小姐講出了3次「是的」。
我的確說了呢…
自然而然的，「是的」就脫口而出……
太厲害了……

「點頭稱是」，在無意識代表「接受」。
……
是的。
這個人有在聽我說話。
因此只要讓對方口吐大量「是的」，心房便會隨之敞開。
只要說出很多「是的」，就能得到一種肯定感呢！
讓我們先在簡單的閒話家常中使用回溯法，讓雙方敞開心胸，進入建立起親和力的狀態，
再透過①溫和的表情，
和②平穩的語調，
進行與後設模式有關的詢問。
戶越先生遭到部長臭罵，就認為自己被討厭了。
這種主觀想法將會創造出特定的過濾器。
……
但是這個過濾器，不過是根據某種經驗做出的獨斷解釋罷了！

讓他發現自己抱有錯誤的主觀想法，
幫助他發展無限的可能吧！
好的！
GOOD DAY
議論紛紛
咦？辭職？
議論紛紛
議論紛紛
蛤！
你給我過來！
議論紛紛
用力拉扯

總經理室
怎麼了？發生了什麼事嗎？
我沒有自信能再與部長共事了…
你給我滾去廚房。
部長這次叫我到廚房工作，我很不擅長在廚房工作。
不擅長
事件出現扭曲，部長其實不是那種人…
我要用後設模式來解決扭曲所產生的問題。
首先使用回溯法來建立親和力。
要保持微笑…
你被調去廚房啦？
微笑
是的。
廚房的工作很累人嗎？
是的。
哪裡很累人呢？
氣氛和平

這麼大嗆！
這麼大嗆！
哈哈哈，你也太誇張了吧！
笑容越來越多了。
代表親和力已經建立得差不多了。
他現在應該是處於臆測的狀態。
扭曲
臆測
明明沒有充足證據，卻對他人心情和想法妄自評斷。
他的想法一直往負面方向發展。
我得要想個辦法。
哈哈…
吞口水…
戶越先生。
是的。
你怎麼會覺得部長討厭你呢？
努力微笑→
顫抖
咦？

那是因為他讓我去廚房工作，明知道我不擅長在廚房工作。
在超市，把廚房交由你負責，
真的是一種處罰嗎？
咦？
……
部長他知道你不喜歡在廚房工作嗎？
握緊…
這、這個嘛…
你覺得部長討厭你，
戶越先生。
大吃一驚
會不會只是你的主觀想法呢？

主觀想法…
躂躂躂躂
碰！
戶越！
嚇一跳
啊！
聽說你想辭職是嗎？
隆隆隆
突然站起
部、部長你等一下啊！
喀
！
拜託你別說要辭職啊！
讓我們一起同心協力將這間超市變好吧！
咦？
但是我一直被你罵？

我並不是針對你一個。
我也老被部長臭罵。
總經理也是？
相信你也能感受到，這間超市現在正開始蛻變。
我希望所有員工都能提供顧客最優質的服務。
讓員工輪調各部門，經驗不同工作內容也是其中一環。
原來是這樣啊⋯
你不跟我說，我就不會知道了
我還以為部長是在整我。
我怎麼可能會整你！
真的，全都是我的主觀想法罷了。
哈哈
那麼⋯⋯
打擾總經理真是非常抱歉。
我會繼續努力，回應部長的期待。
今後也請多多指教！
GO
DAYS
真是太好了！

01 讓負面思想煙消雲散的後設模式

天才心理諮商師的詞彙（後設模式）

NLP有一個被稱作後設模式（meta model）的技巧。這是一項「透過特定問題，讓負面主觀想法瓦解的技巧」。理察・班德勒和約翰・葛瑞德是此技巧的開山始祖。

一九七〇年代，完形治療（Gestalt therapy）在當時是一門非常實用的心理療法，創始人是Fritz Perls。Virginia Satir是一名才華洋溢、赫赫有名的家族治療（Family Therapy）大師。理察・班德勒與約翰・葛瑞德留意到這兩位大師的詞彙很巧妙，因此開始著手開發後設模式。

這兩位大師使用不同的心理治療方法，在語句的斟酌選用存在許多共通點。他們懷抱著各種壓力，身心飽受煎熬的客戶提出特定問題，客戶在一一回答這些問題的過程，疑難雜症也就跟著迎刃而解。

與許多天才心理諮商師相同，Fritz Perls與Virginia Satir並沒有對自己的詞彙相關法則抱有充分了解，他們大多是在面對客戶時，直覺地認為自己必須採取某項動作，並隨即進行動作。

理察・班德勒與約翰・葛瑞德為了讓任何人都能輕鬆應用Fritz Perls與Verginal Satir那一系列的詞彙，以英文的語言學做為基礎，將其統整為十二種簡單好懂的類型。這就是後設模式的起源。

後設模式可以快速解決問題

後設模式是將心理諮商師為治療客戶所使用的專業語句，建立成一個完整的體系，因此後設模式所提出的一系列詢問，都對解決問題（消除壓力）有極大幫助。

如果要解決一些根深蒂固的問題，就需要更深入學習，但是對付日常職場、家庭的壓力，本書所介紹的內容已能發揮極大效果。

心理諮商師的詞彙感覺有些困難，但相信各位閱讀至本處的讀者已能充分理解，前面篇章所介紹過的後設模式基本概念。也就是將遭到刪減、扭曲、**一般化的資訊加以還原。**

後設模式擁有「防範錯誤溝通」和「消除壓力（解決問題）」兩種效果，在第二章我們將後設模式的使用重點擺在「防範錯誤溝通」，第三章、第四章將後設模式的使用重點擺在消除壓力和解決問題。

⇩問題（壓力）的產生

前文提過「三歲的瑪莉不小心從椅子上摔下來，撞傷手肘」的例子，如果此時瑪莉的母親說「瑪莉出意外了」，事情會如何發展？我們又該如何接收到正確的狀況？此時應該要先進行詢問，修正遭到刪減、扭曲的內容，再問「真的有嚴重到稱為意外嗎？」方寸大亂的母親就能恢復冷靜。

雖說此例子極端，但在遭遇實際事件（經驗層次）時，我們或多或少都會在大腦（語言）理解的過程，以親身經驗進行刪減、扭曲、一般化的動作，作出解釋。**若因此作出的解釋過於負面，我們就會覺得這是一個「問題」**。

有人即便坐擁數億身價，仍對未來的金錢流向不安。也有人手邊沒有任何積蓄，卻仍不會對金錢感到絲毫憂愁。若有人對「沒有任何積蓄」感到不安，那他的目光其實並沒有放在現狀，而是由過往經驗的學習做出判斷。

事件本身是透明無色，不帶有特殊色彩，也不會有既定價值。譬如兩個人看到相同的一隻狗，恐懼症的人會感到很害怕，喜愛狗的人卻會感到很高興。面臨相同的狀況，但是兩者產生的反應（症狀）卻大大不同。當此反應（症狀）伴隨著負面感受襲來，就會產生問題。

02 問題的本質是什麼？

觀念與價值觀

我們要來進一步探討問題的本質。

請試著對**「事件本身永遠都是透明無色，不會有既定價值。」**這句話作更深入的思考。

以前面狗的例子來看，兩個人看到同一隻狗會有不同反應，**不是狗創造不同的反應，而是人們**。人們會根據親身經驗編寫程式，依照程式產生反應（請參考序章）。這就是說，人們會透過神經語言程式，決定對外在世界進行怎樣的反應。

我再舉個例子做補充說明。

舉例來說，當你聽到「結婚」這個詞，會有怎樣的反應？想必每個人都不一樣。譬如「感到正面意義」、「感到不安」、「沒有任何感受」。一樣是什麼東西創造這些差異呢？

我想不必贅言，答案就是價值觀（或稱觀念、觀點）。

我們對結婚的肯定性，或否定性，這些價值觀是否都是與生俱來的？稍微想一下，就會知道這些價值觀都是後天形成的。價值觀是一種神經語言程式，透過經驗和反覆不斷形成。

⇩大腦會影響身體反應？

當我們的大腦有問題而感到煩惱，身體也會連帶感到「痛苦」。

我剛擔任NLP研討會的講師時，學員們在研討結束後的問卷調查，給我負面評價，我就會感到抑鬱寡歡。

即便到現在，我仍偶爾會在問卷得到不好的回饋，但我不再對這些評價感到憂愁。因為我已經擁有冷靜思考的能力，會想，「原來如此，也有學員是抱持著這種看法」。冷靜思考，代表「沒有體感方面的反應，即中性（平穩）」。因此對相同的問卷結果時，現在的我與過去的我產生的反應會完全不同。

同一件事件，卻產生「憂鬱」和「中性（平穩）」兩者不同反應，可以發現，這些都是身體的反應，而不是透過思考。當我出現「憂鬱」，胸口會感到煩悶不適，而有些人的症狀會出現在肩膀或腹部。

我在講師新人時期，會對負面評價有情緒反應，到現在即便同樣有負面評價，我不會再產生情緒反應，也不會覺得這是個問題。

問題是相當主觀的。

⇩ 身體反應的變化，可告訴我們問題是否得到解決

有一種NLP的技巧是「快速恐懼症治療法（Fast Phobia Cure）」，透過此技巧，可以在短期間克服恐懼症。譬如有一位患有恐懼狗的人，接受一系列的快速治療，就能冷靜面對狗。解決恐懼症也歸類於解決問題的一種，治療順利與否，判斷標準可透過患者在特定狀況時的身體感受來進行測量。**「身體感受（反應）的變化」對問題是否得到解決，具有決定性作用。**

產生問題的程序

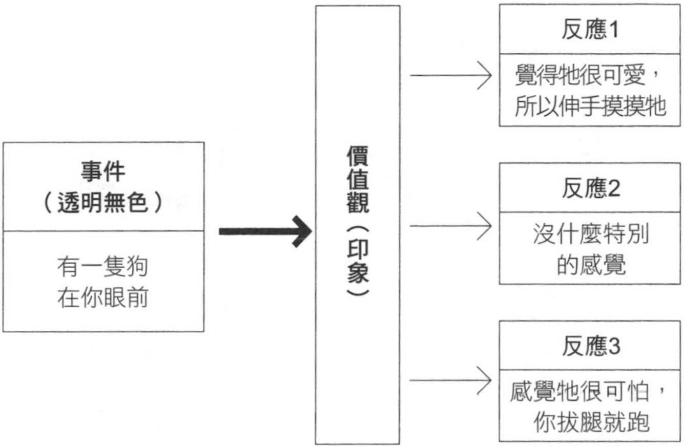

事件
（透明無色）

價值觀（印象）
反應1
覺得牠很可愛，
所以伸手摸摸牠
反應2
沒什麼特別
的感覺
反應3
感覺牠很可怕，
你拔腿就跑

價值觀等神經語言程式，會透過
①強烈的經驗（衝擊）
②重複（次數）
而建立，成為一個新的過濾器。

→ **否定性的問題是主觀的，不是事實。**

● 確認問題是否得到解決

透過身體感受（反應）進行確認。

例

有一隻狗在你眼前 ——→ （解決問題前）感到恐懼所以逃跑。
↓
（解決問題後）冷靜應對，不就是有一隻狗在那邊罷了。

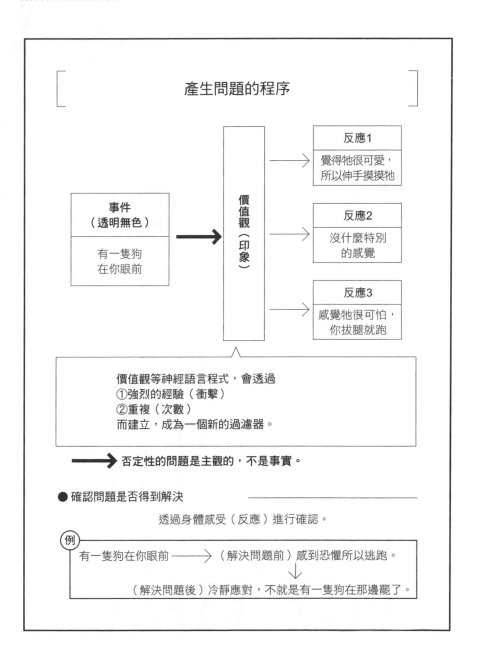

03 解決問題的兩個方法

價值觀與真相

前面為各位介紹我還是新人講師時的例子。現在的我、與當時的我，會對問卷內容產生不同反應，是因為對問卷結果抱持不同印象所導致。我還是一名新人講師時，完全沒有端上檯面的實績，當時我相信「別人的評價會決定你的價值」。因此問卷結果良好，我會興高采烈；問卷結果不佳，我就會垂頭喪氣。

而「別人的評價會決定你的價值」是一種價值觀，不代表真相。即便有時會收到寫有負面評價的問卷，其實大部分學員都給我正面評價。就算是同一場研修會的學員，有的人會表示「講師講話速度過快」，但也會有人寫「上課步調適中，聽得非常清楚」。也就是說，問卷的回饋內容全憑學員喜好，不是事實真相。

我現在已充分了解這件事，所以將問卷結果視為客觀性的資料，不再對問卷結果感到失落。

如何處理印象（有色眼鏡）

產生問題的原因，不是在「事件本身」，而是「我們對事件抱有的印象」。前面的例子，問卷結果本身不構成問題，但抱持著不同觀念（印象）去看待問卷，**產生的反應就會有差異。伴隨著負面的身體感受（痛苦、艱辛）時，我們就會認為這是一個問題。**

想要解決問題，我們必須採取兩種方法。

採用**「①對事件抱持的印象轉負為正」**，或**「②讓印象趨於中庸平和，貼近原本透明無色的事件」**。對於方法①，我們拿掉「創造負面印象的有色眼鏡」，換上「創造正面印象的有色眼鏡」。對於方法②，我們可以直接想成「摘除整副有色眼鏡」。

後設模式是一種還原事件真相的問題解決方法

一四九頁的圖A是「①對事件抱持的印象轉負為正」。不同的解釋，讓我們對事件有不同印象，如果改變解釋內容，就可以讓反應轉負為正。

這種改變解釋的解決方法，稱為「換框法」。圖B則代表「②讓印象趨於中庸平和，貼近原本透明無色的事件」。當我們試圖理解「原本的經驗時」，大腦（語言）理解的過程會透過親身經驗進行刪減、扭曲、一般化，「對事件作出不同解釋」。解釋若過於極端，變成負面反應，就會成為一個「問題」。

對刪減、扭曲、一般化進行修正，可以無限貼近「原本的經驗」，就不會產生問題。前面不斷重複提到，「原本的經驗」不會有固定價值，是透明無色的緣故。後設模式是一種透過「摘除有色眼鏡」，來解決問題的方法。

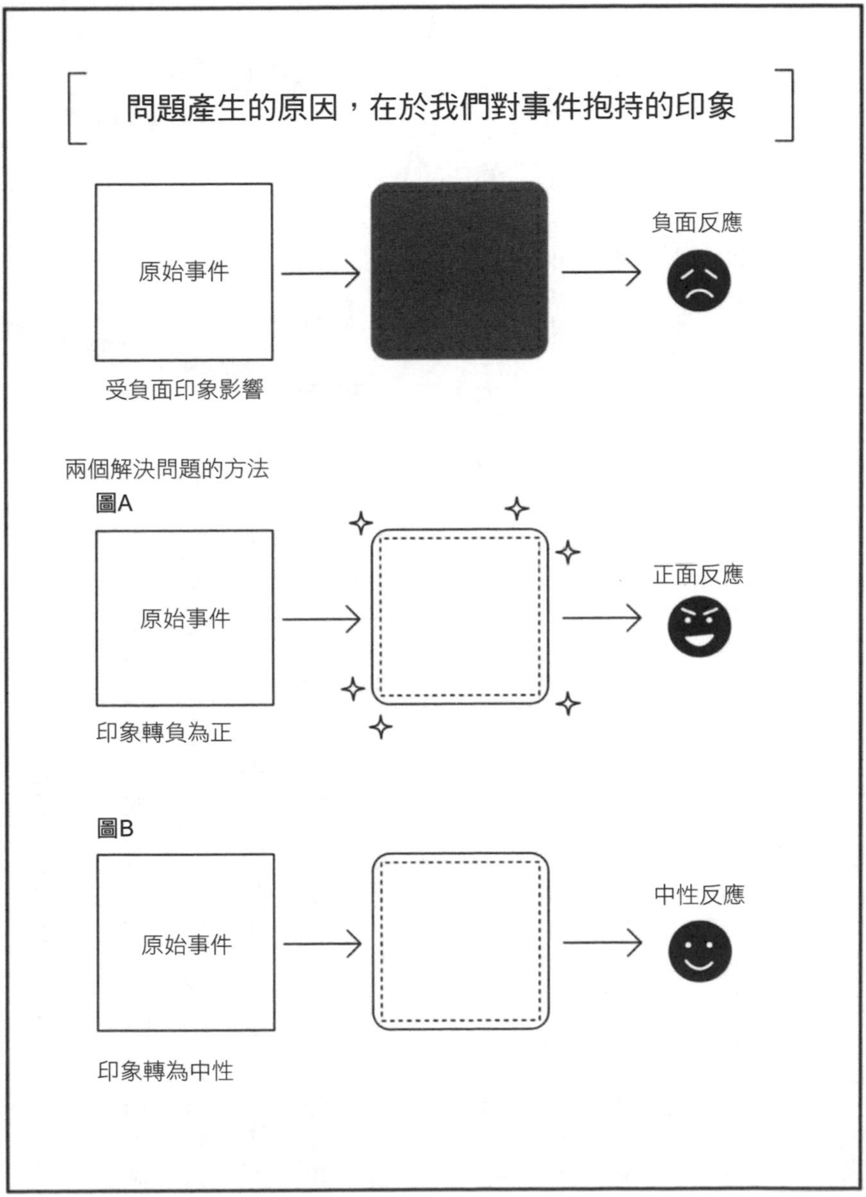
問題產生的原因，在於我們對事件抱持的印象
原始事件
負面反應
受負面印象影響
兩個解決問題的方法
圖A
原始事件
正面反應
印象轉負為正
圖B
原始事件
中性反應
印象轉為中性

04 使用後設模式前的注意事項

「後設模式的詢問內容」是戰術

各位應該都有聽過「戰術、戰略」這兩個詞。戰略是綜觀全局，決定攻略理由和攻略方向。戰術是指第一線的具體作戰方法（工作方法）。以個人經驗來說，事業有成的人會俯瞰事業全貌，掌握個別部門，節省去多餘的行動，達到提高現場工作品質的目的。

NLP的問題解決方法和心理諮商方法有異曲同工之妙。善用NLP可以在戰略層次掌握到問題與心理諮商的本質，在短時間得知應該在何處投入何種資源。如果沒有清楚理解到問題的本質，不知道該解決哪個部分在這種一知半解的情況下展開行動（戰術）。

後設模式亦如是，詢問內容代表著具體的用字遣詞，屬於戰術層次。從我的指導經驗看來，只學習此部分並不能靈活運用後設模式。

理解本章到目前為止說明的「問題本質」和「兩種解決問題的方法」相當

重要。只要能理解這兩項要素，不僅是後設模式和其他ＮＬＰ技巧，甚至可以脫離ＮＬＰ限制，所有的問題解決技巧都能好好解決。

刪減、扭曲、一般化是後設模式的關鍵

本書一直提到刪減、扭曲、一般化。只要徹底掌握這三個要素的相關流程，所有的溝通問題都會迎刃而解。我們的大腦想法會煥然一新，看世界的角度也會大大不同。

即便我在此填鴨一堆ＮＬＰ的相關技巧，印象薄弱也不過是學過就忘。通過多年的指導經驗，我對此深信不疑，比起讓各位學習一大堆ＮＬＰ的相關技巧，還不如徹底加深對特定技巧的學習，這樣更能在工作時得到幫助。

譬如我說明後設模式是將Fritz Perls與Virginia Satir的詞彙分類為十二種類型時，有人會想全部記起來。我希望各位能想起一件事，就是當我們將親身經驗轉換為大腦思考的語言時，會產生刪減、扭曲、一般化。了解這件事，就能掌握詢問的方法。

⇩每個人都希望能簡單理解世界

在第二章，我不斷提到刪減和扭曲。這一章我想進入一個新領域，就是一般化。

請把一般化理解為「將部分與整體相互連結」。一般化，代表我們在某個特定領域有過極端經驗後，因而決定在這領域一切的經驗法則。恐懼症也是如此。只要被狗咬過一次，就害怕全世界的狗。恐懼症會產生，是因為一般化的影響，而價值觀（觀念、觀點）最貼近我們日常生活的一般化。

我們將經驗做抽象呈現後，形成的簡單法則就是價值觀的真面目。只要大腦建立起特定觀念，便會自動把這價值觀當作基礎，對發生的事件作解釋。我們的理解是以過往經驗（記憶）做為基礎。價值觀是將過往的經驗公式化後形成的框架。

遇到新的事件，我們會自動（無意識）想透過觀念的框架進行理解，所以發生遠超出觀念框架的事件時，就會感到苦惱。

透過後設模式與一般化詢問內容，你可以認識到，價值觀只不過是自己的

主觀想法，不是真相，就會感到輕鬆許多。這也可以幫助我們卸除束縛，進而拓展。

我曾任職於顧問公司，但是想在這家公司當講師，得接受多年嚴苛的訓練，成功結業的研修講師都具有高超的技藝，因此我原本認為自己不可能做一名研修講師。

但現在我卻成為了一名研修講師，而且一年有一百二十天都在上課，這是因為我心中「自己絕對當不上研修講師」的「觀念＝一般化＝主觀想法」已經瓦解的緣故。我離開那家公司後，發現之前參加過的研修會中，有些講師其實也沒多厲害，但仍可以滿足大多數學員，因而降低我心中「講師一定要具備高超技藝」的價值標準。

一般化通常都會與「絕對」、「每個人都是」、「任何時候都」、「一定要是如何」、「應該要是這樣」等**「概括而論，不容一絲例外的表現」**一起使用。

05 破除負面公式（一般化）的詢問方法

一般化的三種類型

左頁是一般化的三種類型。詢問方法的重點是要讓對方察覺自己的主觀想法。我過去認為「自己絕對當不上一名研修講師」，是一種可能性的說法。相信有學過NLP的人一定會問我：「你為什麼這麼想？」那樣我就會明白心中「講師一定要具備高超技藝」不過是我個人的主觀想法。

大腦認為自己無法做到，就不會付諸行動。因此，只要了解這裡所介紹的詢問技巧，就能拓展自己的可能性。

透過「誇張的表現方法」，可表達自己的主觀想法。譬如當有人說「最近的新員工都很沒禮貌啊！」就可以用「每個人都是嗎？」、「沒有例外嗎？」向對方詢問，讓對方了解到自己其實太主觀。我們很習慣透過一般化讓世界黑白分明，的確可以使我們方便理解。但破除一般化的迷思，可以擴展自己的可能性。

一般化的類型，如何讓主觀意識瓦解的詢問方法

種類	事例	詢問方法
可能性的情態助動詞 （自我設限） ・做得到 ・做不到 ・可能 ・不可能	「我沒辦法發揮領袖風範。」 「我無法從事推銷商品給顧客的工作。」 「我背不起來後設模式的項目。」	「是什麼東西阻撓了你？」 「如果你做得到呢？」
必要性的情態助動詞 （自我約束） ・應該做 ・不應該做 ・一定要做 ・不可以做	「對初次見面的人一定要溫和有禮。」 「要能使用英文進行溝通。」 「總經理一定要是各方面的模範。」	「如果不是這樣又如何？」 「如果不這麼做會如何？」
廣義量詞 ・全部 ・所有人 ・每個人都是 ・絕對（連一個人）～都沒有	「我被部門裡的所有人討厭。」 「沒有人對我有好評價。」 「都是因為你每次都遲到啦！」	「所有人？」 「一切的？」 「每次都？」 「全部都？」 「連一個都沒有？」

06

發覺有色眼鏡（扭曲）的詢問方法

將觀念與自己切割，是解決問題的第一步

第一章曾向各位提起，扭曲是一種透過偏差觀念對事實進行扭轉改變的狀態。也就是說，如果可以通過後設模式的詢問內容讓扭曲的經驗趨近原本經驗的層次，就能發現自己其實抱持著主觀想法。

察覺到錯誤的觀念，就可以進行切割，使自己冷靜下來。

通常我們都不會意識到，自己是通過價值觀創造的印象來看世界。因為這時我們已經與價值觀合而為一了。這一種戴著紅色眼鏡，認為「全世界都是紅色」的狀態，當然世界就是紅色的，完全不會覺得自己太主觀。呈現一種與價值觀同化的狀態。

若與價值觀同化，在遭逢到不能滿足此價值觀創造的標準事件時，就會感到焦躁不安。

我們生氣時，心裡會想，「都是別人的錯」，如果此時透過自問自答的方法，找出是哪個價值觀引燃了怒火，這時可以使用後設模式的詢問法，使問題瓦解，就會感到輕鬆。使用後設模式的詢問法，不僅能讓他人的主觀想法消失，還可透過一五五頁例子中的自問自答方式，幫助破除自己的主觀想法。

在任何情況，都是按照下方的兩個步驟進行。**①將觀念與對方（或是自己）切割、分離。②拋出問題，質疑價值觀。**一四五頁的圖表，可以讓你充份理解，價值觀是一種對事件抱持的印象（過濾器），不過是一副有色眼鏡罷了。

⇩發覺到有色眼鏡的詢問方法（後設模式的扭曲）

後設模式的扭曲，總共可分為四種類型。這四種類型能挖掘出隱藏的價值觀。價值觀是一副「忘記自己戴著的有色眼鏡」。

我還在從事業務工作時，有一個學弟認為「因為自己很懦弱，所以不適合當業務」。他覺得業務員就是要臉皮夠厚而且不拘小節。

我就問他「『懦弱』真的就代表『不適合從事業務』嗎？」他重複自問自

答的動作，我適時補上一句「真的沒有任何一位懦弱成功的業務員嗎？」這是與一般化的廣義量詞有關的詢問內容。他就舉了我的名字，同意其中也有例外。因為我在氣質比較偏向斯文書生型。

又加上擁有我情緒很敏感，能察覺客戶的需要，優點不勝枚舉。學弟率直地接受了上述事實，自信也跟著提高，因此最後終於交出漂亮的銷售成績。

大家應該已經知道，「扭曲」和「一般化」都是由主觀想法所產生。當我們要崩解主觀想法時，可使用後設模式詢問法，會獲得良好效果。

扭曲的類型，如何讓主觀意識瓦解的詢問方法

種類	事例	詢問方法
複合性相等 （X＝Y的表現方法）	「邊笑邊工作（X）＝不認真（Y）」	「為什麼X代表Y呢？」
前提 （某種前提遭到隱藏）	「高社會地位的公司會珍視每一位顧客。」 「最近剛進入公司的員工很任性。」	「是什麼原因那你這麼想呢？」 「你為什麼相信這件事？」
因果 （認定某個原因造成某種結果）	「如果沒有一位可以信任的主管，我就會一事無成。」 「如果有人比我還要優秀，我就沒辦法發揮實力。」	「為什麼X是造成Y的原因呢？」
臆測 （明明沒有充足證據，卻對他人心情和想法妄下評斷。）	「他棄我於不顧。」 「我失去了許多人對我的信賴。」	「你為什麼會知道那件事呢？」

X＝Y：譬如「美人都很冷淡」等語句中，「美人（X）＝冷淡（Y）」，表示2段文字具有相同意義。
前提：某種前提遭到隱藏。
因果：以為某種原因造成某種結果。
臆測：沒有充足證據，卻對他人心情和想法妄下評斷。

07 揭開秘密資訊（刪減）的詢問方法

具體展現問題

以防範溝通錯誤的觀點來看，刪減也含有許多重要的詢問內容。特別是其中有「不特定名詞（抽象名詞）」或「不特定動詞（抽象動詞）」時，若能將其內容具體表示，就能讓對話雙方大腦的印象得到一致。此時運用「比較」與「判斷」，可以幫助主觀想法崩解。

曾有一位京都大學的學生來參加我的NLP研修班。雖說這位學員在大學入學考獲得一百七十分（滿分二百分）的高分，卻對英文感到棘手，令我相當驚訝。這場考試他的英文成績較其他科目為低，拉低了平均成績，因此在進入大學後也受到英文不好的意識影響，對英文沒什麼自信。

所以我就透過後設模式的詢問內容闡明比較對象。我問他：「你是跟什麼在做比較呢？」讓他將自己那種過高的標準套用到所有科目，浮現他痛苦的構圖。成功讓他走出主觀想法「不擅長英文的小箱子」。

刪減的類型，如何讓主觀意識瓦解的詢問方法

種類	事例	詢問方法
不特定名詞 （具體的指示內容遭到刪減。）	「我倆意見不同。」 「這中間有了誤會。」	「具體說來呢？」 「是誰呢？」 「是什麼呢？」
不特定動詞 （動作如何進行？其具體內容遭到刪減。）	「他總是帶給別人很棒的影響。」 「她跟我保持距離。」 「客戶沒在聽我說話。」	「具體說來呢？」 「那是怎麼樣呢？」
比較 （比較對象遭到刪減。）	「這是努力不夠。」 「他比較爭氣。」	「是與什麼作比較呢？」
判斷 （評價或是判斷標準遭到刪減，或負責下判斷的人物沒有進行明示。）	「你的臉皮很厚。」 「美國原產的訓練師比較好。」 「依賴他人是弱者的專利。」	「是誰決定的呢？」 「標準何在？」 「是誰的判斷呢？」 「是因為什麼理由呢？」
名詞化 （原本為動態的語言〈動詞〉，被轉為固態表現〈名詞〉，意思遭到曲解。）	「我與主管在相處出現問題。」 「扎實的教育是國家政策的根本所在。」	「是誰呢？」 「是怎麼樣進行的呢？」 「是與什麼有關呢？」

Column 4

無意識偏好「維持現狀」？

安全、安心是無意識追求的事物，我們根據此目的設定了程式。你從前擁有的程式都在保護自己。但也對你造成限制。感到不適時，我們會自發性地期待變化的到來。

譬如當我們與父親的關係不睦，無意識就會判斷「父親＝危險」，進而對父親和相同類型的人感到棘手。因此與類型近似於父親的公司主管還有客戶就會處不來。這時候也許會對自己抱持厭惡感，埋怨自己為什麼不能接受與父親相同類型的人，所以期待改變。

無意識會想保護我們的安全，會讓我們遠離危險的父親，導致我們越想要對這類型的人敞開心胸，身體（無意識）越想抵抗。

現在你是一個安全、安心的系統，構成物是你所設定的無數程式。因此大腦的程式期待能維持現狀。但許多人都想要改變自己，所以市面上也充斥各種各樣關於自我成長的書籍，這是回應人們此種欲望的形式。但許多人在讀完這些書後，仍無法改變。因為無意識認為「現在的你」才是安全、安心的系統，此系統是經過漫長時間改變形成，所以無意識會頑固地遵守。我會在第五章提供各位創造身心靈變化的思考方法，但前提是各位已經充分理解這些程式，這些程式具有創造維持現狀系統的性質。

第四章

讓大腦思緒暢通無阻的聯想法

第四章，我們將就名詞化進行學習，這是後設模式裡的「刪減」的其中之一。當思路不清晰時，這種思考方法能產生極大作用，幫助我們解決問題。

喧嘩
熱鬧
「力不從心」是誰的錯？
Story 4
您好！
超便宜的喔！大出清喔！
總經理，可以麻煩您決定下期的促銷商品嗎？
當然可以，我馬上就處理！
哇哇！
哇哇！
這是我們的店嗎……
總經理，有人來面試時薪人員了！

總經理，新商品的貨架擺設要進行哪些變動呢？
啊啊⋯
我現在有點忙，可以等等再說嗎？
如果是像平常一樣的感覺，我就可以自己用好的。
不，我來做就好，沒問題的！
那是我們的主力商品，我想好好思考該怎麼擺設。
這樣啊⋯
你只要集中在自己的工作就好了！
是、是的。
總經理！有顧客打電話來投訴！
我知道了！我馬上就去接！
總經理連這種事都要一手包辦啊⋯
超累的啦！
倒下
多虧大家的努力，店裡盛況空前，我是也很高興啦⋯
但是問題接二連三的跑出來⋯

我感覺爸爸可以做得更好…
做不到呢…
搞不好我…
怎麼啦？這不像我的好女兒杏里啊！
爸爸！
你什麼時候出院的？
身體已經沒事了嗎？
是啊！你看看！
我連這種動作都做得到喔！
怎麼樣啊！
是不是差不多啦？
爸爸你回來當總經理吧…

我女兒做得如何？
她很努力呢！
為什麼？
店裡盛況空前，員工們也都認同你擔任總經理啊？
不……我感覺已到了極限…
到現在為止，我很努力統整正職員工和時薪人員，上下齊心朝向爸爸心目中的理想超市邁進…
店家運作也完全跟不上來…我的無能對大家造成許多困擾呢…
…
隨著客人數量增加，問題也隨之產生，這已經超越我的能力所及了。
這是「名詞化」啊……
咦？
明池話？

新妻先生也有幫爸爸上NLP的相關課程喔！
咦！
真的嗎？
因為你現在對經驗（透明無色的經驗）進行了刪減、扭曲、一般化的動作，
導致你有極端印象，因此起了負面反應！
問題堆積如山、（我）力不從心
……
爸爸竟然從嘴巴裡吐出了刪減、扭曲、一般化…
還原語言表現是解決這問題的法門啊！
爸爸今天來當你的老師。
還原語言表現？
我這可不是語言表達的問題啊！
問題是真實的發生了啊！
真的嗎？

理解某件事情前，我們會先將經驗轉換為語言，藉此理解含意。
一旦完成語言化的動作，經驗就歸語言掌管囉！
A
經驗
舉例來說
懼高症患者都是因為曾經在高處有過恐怖遭遇。
啊！救救我啊！
隆隆隆
嘰嘰
嗚
這讓我想起不好的回憶。
導致懼高症患者對高處貼上「恐怖」的標籤，再不想去高處！
的確從那時起我就不喜歡高處啊！
也就是說這些人用極端印象去看世界，
即便遭遇的事件透明無色，他們也會認為自己的大腦印象才是現實。
印象
哦哦哦！
所以我們沒辦法看清事物的真面目囉？
喀喀
坐下來談
沒錯！
但這也有好處，看事物的眼光越是簡單，越不容易導致錯亂。
學習？
這就是學習！
嘿咻

公式化
＝
名詞化
學習就跟這「公式化＝名詞化」很類似！
危險
狗
氣勢驚人
啊啊啊！
摸摸
當我們經驗某事物後，
就會透過公式化，靈活運用。
危險＝狗
下次再碰上類似經驗時，我們就會依照公式做出反應。
我們會活用過去經驗，用極佳的效率進行思考，
因此能省去多餘的動作。
身為懼高症的一員，我會透過往日經驗，避免再次前去高處，
不會再犯同樣的錯誤
也都是因為我活用了過去經驗的緣故囉？
「刪減」、「省略」、「扭曲」以一種不好的形式產生，
刪減
一般化
扭曲
我們就會抱持負面的看法，深受其苦。
嚇一跳
杏里，這就是你現在的狀況啊！

只要還原遭到「刪減」、「扭曲」、「一般化」問題也就跟著解決了！
這就是後設模式進行詢問的意義。
名詞化這狀況特別棘手，因為它會創造許多問題。
……
將語言表現還原就是解決名詞化的良策。
我從來沒有想過自己會聽爸爸上課呢…
哈哈哈
別看爸爸這個樣子，在學習NLP可是非常努力的啊！
我還打算要拿來教員工們呢！
名詞化？
到底是什麼啊？
原本在經驗過程伴隨有鮮活的動詞，將這些動詞轉為名詞表現就是所謂的「名詞化」！

我們將名詞分為「實體名詞」與「抽象名詞」兩個類型！
實體名詞
表現實體的稱呼，
譬如：椅子、水果等。
抽象名詞
表現無形事物的稱呼，
譬如：信賴、友情等。
雖說「抽象名詞」伴隨表現經驗流程的動作，
當我們把它轉為名詞呈現時，就會感受不到它的動作感，讓整體印象趨於僵化！
名詞
動詞
導致原本可以輕鬆解決的事物複雜化，最後發展難以解決的問題。
名詞
這時只要將語言表現還原，
就是將其還原到動詞表現，問題就跟著解決啦！
動詞
原來如此！
嗯嗯

舉個例子，你想看看「家庭關係出現問題」這個詞彙。
！
這不就是以前我們家的真實寫照嗎？
杏里，你給我乖乖聽話！
你很吵耶！別管我啦！
……
光從字面來看，這帶給我們非常難解決的印象。
因為「家庭關係」與「問題」都遭到名詞化，導致語言表現僵化，感受不到動態！
在此我們就要還原語言表現，也就是可以進行詢問，一步步讓名詞化瓦解！
詢問
詢問
名詞化
詢問
名詞化
家庭關係
問題

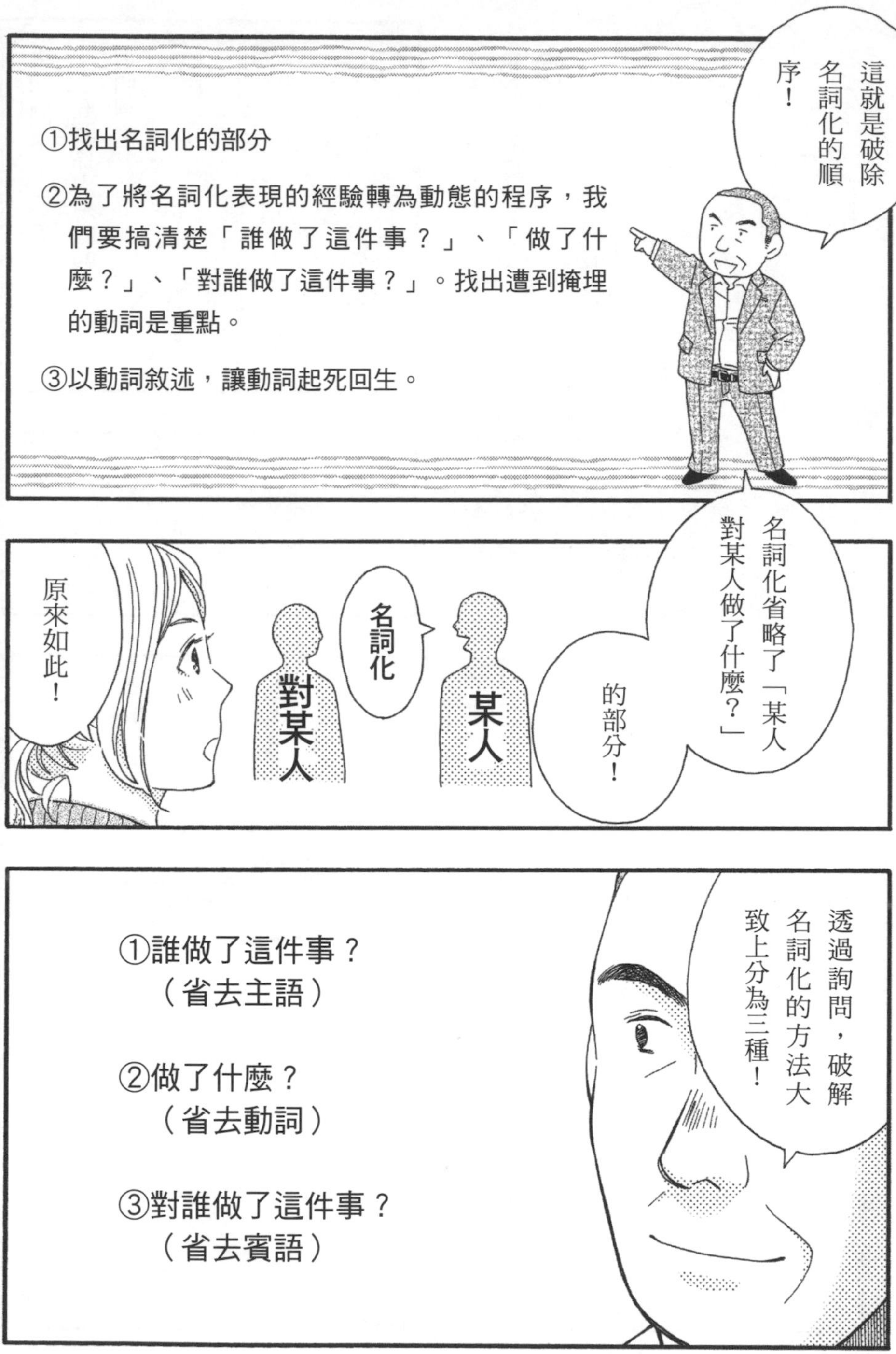
這就是破除名詞化的順序！
①找出名詞化的部分
②為了將名詞化表現的經驗轉為動態的程序，我們要搞清楚「誰做了這件事？」、「做了什麼？」、「對誰做了這件事？」。找出遭到掩埋的動詞是重點。
③以動詞敘述，讓動詞起死回生。
名詞化省略了「某人對某人做了什麼？」的部分！
某人
名詞化
對某人
原來如此！
透過詢問，破解名詞化的方法大致上分為三種！
①誰做了這件事？（省去主語）
②做了什麼？（省去動詞）
③對誰做了這件事？（省去賓語）

如果「家庭關係出現問題」…
具體來講，「家庭關係」就是在講某人與某人擁有怎樣的關係？
「問題」就是講兩者間的障礙？
我們只要把它搞清楚就行囉？
如果是「我們家的情況」…
家庭關係就是「我與爸爸的關係」。
你聽我說！
你一定要繼承這家超市。
一開始爸爸跟我說「繼承老家的事業」，兩人關係變得險惡，這就是問題的開端。
我就說我不要了！
如果之前能看到其中動作，就能發現哪裡需要改善，和怎麼做，
還能抓到改善的突破點！
不，應該說…
問題已經獲得解決了啊！
我現在可是總經理呢！
怎麼樣呢？杏里！
嘿
什、什麼？

問題堆積如山、（我）力有未逮
你是否成功還原自己的名詞化了呢？
啊啊
還沒有。
所以我將「該怎樣處理某件事」視為問題，因此也就導致「問題堆積如山」囉？
還有到底是什麼東西堆積如山呢？
我先想想
我自以為是的把很多工作都一肩扛起，認為「所有事情都要親力親為」…
新商品的擺設就讓我來做。
我來處理客訴問題！
我來做。
呵呵
原來是這樣。
只要把工作交給員工來做就好了嘛…
我也有很多能擔重任的員工。
仔細想想，
不就是因為我一個人扛下好幾人份的工作，處理上才會出現不順，導致我認為「自己力有未逮」啊！
呵呵呵

看來你已經還原語言表現了。
嗯!
我肩上的重擔已經卸下囉!
NLP真的很厲害，謝謝爸爸為我做介紹!
真是太好了，你可以意識到NLP的重要性…
杏里。
幹嘛?
我要你再做一次選擇。
你願意繼續當總經理?
還是想回去做自己想做的事?
ㄟ!怎麼這麼突然?

01 大腦創造問題

在第四章，我會把解說重點放在名詞化（刪減的項目之一），這是在後設模式裡我特別希望各位學習的部分。這發想法能幫助我們破除不好的狀況，想要解決問題時也可幫上大忙。重點在還原我們大腦的語言表現，為了加深各位的體會，在此節整理之前的學習內容。

還原語言表現是解決問題的線索

假設你「與主管在相處出現問題」，而且你為其所苦。當你抱有這種想法時，「與主管在相處出現問題」這想法就會在你的大腦裡扎根。**其實還原大腦的語言表現，就是解決這問題的突破點。**

相信有人對我的說法半信半疑。畢竟講到「與主管在相處出現問題」，是實際發生在職場的問題（經驗），大腦的語言表現不過是一個表現符號罷了。

就如我們對發生在生活周遭的實際經驗進行刪減、扭曲、一般化，且轉為語言（語言表現），大腦的語言表現同樣對生活周遭造成影響。也就是說**發生**

在我們生活周遭的實際經驗會對思考（語言）造成影響，但是思考（語言）同樣會對我們的生活環境造成影響。

我反覆進行說明的部分，觀念等程式創造反應的過程也存在著相同關係。請各位看到一八一頁的圖A和圖B。經驗會創造觀念等程式，一旦形成了觀念，我們就只能抱持已經形成於大腦的觀念來看世界（圖A）。經驗也是大腦語言（語言表現）的創造者，就換成這個語言表現來掌管經驗了（圖B）。當我們面對周遭發生的事物時，只有受到大腦語言表現極大影響時，我們才會產生反應。

⇩ 大腦的語言可以掌控全世界

在第三章，我向各位說明，有的人即便家財萬貫，仍對金錢抱持不安，但卻有很窮的人卻對金錢完全不感到憂愁。

有人對金錢感到不安，是因為他們對這個透明無色的世界感到不安。也就是說大腦的不安情景和語言等要素，創造他們不安的反應（身體感覺）。

很多時候，如果我們想要解決問題，比起改變周遭環境，還不如先改變自己的想法。**還原大腦語言表現**是最為有效的方法。

這個重點，我稍微做個歸納。

我們都會自動自發地（無意識地）對原本的經驗進行刪減、扭曲、一般化等動作，轉化為語言來理解。這時我們將周遭**世界翻譯為語言符號**，**掌握涵義**。我們不過是把當場（當地）的經驗改以地圖呈現，卻認為這張地圖就是「當地」了。很多情況，**我們會創造問題，深受其苦**，**因為我們在大腦繪製一張出錯的「地圖」**。我多次重複為各位進行的說明，**實際經驗（當地）是透明無色而且中性的要素**。因此改寫大腦語言這件事，可以創造很厲害的強大變化。

大腦創造世界

圖A　經驗創造觀念，對經驗造成影響。

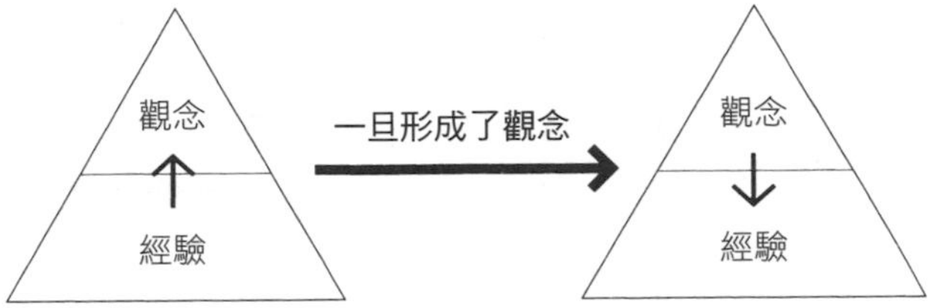

經驗創造出觀念。

透過觀念去看世界，且扭轉原本的經驗，將轉變成受到親身觀點影響的經驗。

圖B　經驗創造語言表現，對經驗造成影響。

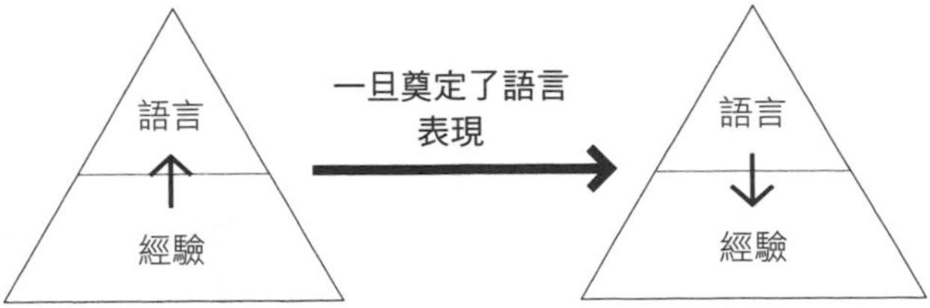

經驗創造出語言
（語言表現）

語言表現決定了
經驗的型態
（對經驗形成統治）

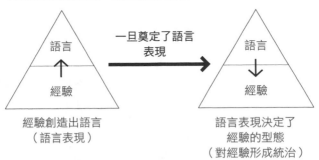

02 大腦僵化讓問題越嚴重

未解決的問題特徵？

前面的篇幅也曾和各位提過，某個位於大腦的語言表現會創造問題，其中有一些問題更非常難纏。在此我想列舉它們的特徵。那些僵化，是讓我們感到死板的問題。

當我們對一個問題抱持僵化、死板的印象時，表現該問題的大腦語言表現經常是處於停滯不動的狀態。前面我已跟各位提及，「還原大腦的語言表現」就是解決問題的秘訣，這秘訣的基本是要取回動作狀態。本來經驗過程（動作）都會伴隨著動詞，轉為名詞表現的情況就是「名詞化」，這也造成許多僵化的印象。我們只要把這個遭到名詞化的表現改以動詞進行表現，就可以還原語言表現，讓我們感到這個問題很好解決。「瓦解名詞化」是後設模式的重要部分。

丟失經驗過程的表現會讓問題難以解決

原本名詞就分為「實體名詞」和「抽象名詞」。「實體名詞」是表現實體的稱呼，譬如，椅子與水果，而「抽象名詞」是表現無質無形事物的稱呼，譬如，信賴或友情。

表現察覺不到動態感受，就是「實體名詞」與「抽象名詞」的共通點。**不管有形還是無形，名詞就是拿來表現事物的稱呼，不適合拿來表現動態感受或是動作**，「動詞」才能靈活表現動態感受和動作。

「實體名詞」原本是拿來當事物的稱呼，因此功用與原本的名詞並無二致。「抽象名詞」伴隨著過程（動作），卻僅將做為名詞呈現，因此賦予它僵化而刻板的印象，其中完全感覺不到動態。

有時本來能輕鬆解決的問題，會發展成疑難雜症，原因就出在這裡。當我們要展開行動時，**語言表現在我們大腦創造的印象，會造成極大影響**。

⇩ 瓦解名詞化

原本經驗的層次伴隨五感，讓經驗靈活呈現（擁有生命力、會動來動去），當我們轉換語言的過程就產生了刪減、扭曲、一般化。名詞化發生的過程是：讓原本伴隨大量資訊，靈活呈現的經驗轉變為「失去動態的僵化事物」。

原本動感具有流動性的經驗遭到了「物化」。

「物化（名詞化）具備讓我們能有效率地進行生活的功用。特別是滿足我們對安全、安心感的追求。在無意識的層次，認為「動態的事物」難以捕捉，不好理解，因此渴望能轉換為「固定的事物」，方便理解。我也曾在「焦點化的原則」作過說明，大意是講為了避免錯亂，盡可能以簡單的方法去看世界。

名詞化沒有分好壞，使用名詞可能為我們帶來益處，也有可能產生壞處，我們只要在壞處出現時讓名詞化瓦解就行了。只有在「名詞化（物化）妨害到問題的解決時，才會產生壞處。

還原大腦的語言表現，就是解決問題的秘訣

名詞	**實體名詞**（表現具體事物的稱呼） 例如：桌子、電腦、杯子 **抽象名詞**（表現無形事物的稱呼） 例如：愛情、幸福、豐碩

何謂名詞化：抽象名詞，本來動詞伴隨著經驗過程（動作），此動詞轉為名詞表現的動作。例如：無法解決、國際關係、問題堆積如山、達成目標、建立信賴關係、關係惡化。

活化大腦思路，便於行動。

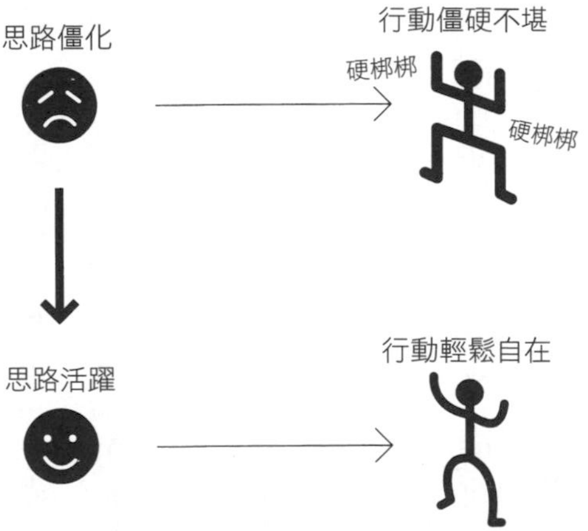

03 瓦解名詞化的順序

名詞化創造沉重印象

漫畫中出現「家庭關係出現問題」的表現方法。「家庭關係」與「問題」遭到了名詞化。本來人際關係，包括「家庭關係」都是一個過程，它們都具有流動性的行動。「問題」並非是恆久不變，是會依動作改變的（其中有個過程）。

當我們想起「家庭關係存在的問題」時，都會感覺有點棘手，不好解決。因為「家庭關係」與「問題」等語句都是名詞，在表現難以感受其中的動態。

也許我們是配合大腦印象創造的語言表現也說不定。這可能是一幅沉重無比、陰沉灰暗的影像。體感反應創造這些語言和影像。是否有給人一種沉重而窒息的感受呢？

當我們對這種狀態感到痛苦，視為問題時，又會因為處於不好的狀態而怠於處理，最後導致我們很難展開行動去處理這些問題。由於大腦遲遲無法想出解決問題的好方法，所以問題還是沒有得到解決。

如果總是把「家庭關係存在的問題」這句話掛在嘴邊，就很難去展開行動來解決這個問題。

⇩有效解決問題者的特徵

善於解決問題者的特徵，其中之一就是**這種人的大腦有許多動態印象**。先別管他們腦海的語言是否有流動性，他們至少能捕捉到問題狀況的動態印象。這類型人的大腦通常有動態語言（具有流動性的語言＝動詞形態）。

如同我反覆向各位提到，想解決問題，應該要先還原大腦的語言表現。當我們感覺到問題產生時，不需要馬上解決，應該要先想一下大腦的語言表現。我們不該一口氣為自己設定一個大任務，而是要設定階段性任務，專心的一步步去處理。譬如我們的大腦產生「家庭關係存在的問題」的語言表現時，應該要先書寫在紙上。

⇩瓦解名詞化的順序

將問題的狀況書寫於白紙，讓我們跟著「瓦解名詞化的順序」，試著展開自問自答。下面是瓦解名詞化的順序。

①找出名詞化的部分。
②為了將名詞化表現的經驗轉為具有動態的程序，我們需要搞清楚「誰做了這件事？」「做了什麼？」「對誰做了這件事？」找出遭到掩埋的動詞是重點。
③改以動詞作敘述，讓動詞起死回生。

名詞化刪減了「對誰做了這件事？」這個部分。因此我在下面中央處列有三個詢問方法，各位可以藉此瓦解名詞化。

⇩瓦解名詞化的例子

■例子①「家庭關係存在的問題」：

這邊提到「家庭關係」具體是誰與誰，是怎樣的人際關係？而「問題」又是誰與誰，問題性質又如何？這時候，如果可以搞清楚大腦有哪些動態的印象，配合自問自答，會更有效果。

舉例來說，透過上述方法，了解「家庭關係」就是「自己與母親的關係」，「吃飯時間與好惡不同」是「問題」，因此導致關係漸趨不良。如果在這時看到事情的發生，就能發現「該改善哪個部分？」和「該怎麼做？」這時改善重點比較容易浮出水面。

■例子②「與員工溝通不良」：

「與員工溝通不良」就是一種名詞化的表現。想瓦解與同事間的問題名詞化，就按照下列方法進行。

問：「與員工的溝通不良」是誰與誰的關係？

答：是我與A君。

問：那麼「與A君溝通不良」主要是出現怎樣的談話過程？

答：A君太顧慮我的感受了。我希望他能更加主動表達自己的意見，特別是在開會時。

將名詞還原為動詞，就比較好去找到解決對策。

■例子③面對自述「我害怕失敗」的員工

問：「你害怕在什麼地方失敗？」

答：「我怕講不好會被人嘲笑。」（在此使用一五九頁複合性相等（扭曲）的詢問方法。）

問：「大家都會嘲笑講話沒講好的人嗎？」

答：「……（陷入長考）」（他會發現這搞不好都是自己的主觀想法。）

此例搭配使用「瓦解名詞化」與「複合性相等」兩個技巧。如果在後設模式的使用搭配數項詢問方法，可以讓效果更佳。

當我們對別人進行後設模式的詢問，請遵守以下的注意事項。

在詢問前還是要建立親和感，後設模式的詢問內容很可能會太過尖銳，因此我們要保持同步，然後再以①溫和的表情，配合②和緩的語調，與對方說話。

瓦解名詞化的順序

1）找出名詞化的部分

↓

2）為了將名詞化表現轉為具有動態的程序，而進行詢問。

①做了什麼？（取消動詞的刪減）
②誰做了這件事？（取回遭到刪減的主詞）
③對誰做了這件事？（取回遭到刪減的賓語）
搞清楚上述問題，藉此找回遭到掩埋的動作（經驗過程）。

↓

3）改以動詞表現作敘述，讓動詞起死回生。

注意事項

不僅是名詞化的部分，在進行後設模式的詢問時，很容易讓問題過於尖銳，因此請注意下列事項。

- 保持同步
- 在說話過程保持溫和表情
- 語調和緩

Column 5

善於溝通的人

仔細觀察談話對象，是善於溝通者的特徵。譬如當我舉辦研修會時，通常會在講完一段內容後，觀察參加者的反應，判斷大家是否有把我的上課內容吸收進去。有時候我會在講解完某段內容後，向參加者問「大家都了解了嗎？」即便對方都回「懂了」，我也可以從他們的「點頭方法」、「表情」、「視線方向」等要素，觀察他們的真心話。如果我認為他們並沒有充分理解吸收，我就會對該段內容進行更詳盡的解說。這樣就可以發現參加者的臉部表情等等要素得到放鬆。只要讀出對方的真心話，就可以配合對方期望提供資訊，加深雙方親和感。

就像是上述，我們一定會把內心感受表現於外在（姿勢或表情）。舉個例子來說，如果各位在工作場合遇到一位處不來的同事，不可能將厭惡情表現出來，要用彬彬有禮的措詞。還得配上一臉笑容。即便多麼想去掩飾，肢體還是會洩漏資訊。

想必各位有過下述經驗。即便默默無語，也可以從對方表現的細微表情、僵硬的肢體發現某些訊息，因此感覺還是別向對方搭話好了。善長溝通者特別精於確認這些細微的資訊。像這種非語言的資訊很常都會顯露出無意識的欲望，如果我們提升讀取這些資訊的能力，就能知道該在什麼時機向對方傳遞怎樣的內容，才能獲得最好的效果。非語言的資訊很容易顯現在「表情（嘴巴周圍的肌肉僵硬與否、唇色）」「視線」、「姿勢」、「手腳動作（手部是否緊繃用力）」、「呼吸」等方面。

第五章

如何使對方的無意識進行運作

最後向各位介紹一些能帶給談話對象變化的詞彙，和米爾頓模式。此外也會學習到入神狀態（trance），這是米爾頓模式的基礎。

冬 咖啡
要辭去總經理的職位嗎？
Story 5
這家店很棒。
是我常來的店呢！
嗯嗯，這家店很棒。
最近超市的狀況如何？
託NLP的福，一切很上軌道！
工作環境比起剛開始也可說是天差地遠。
銷售額也成長得非常順利啊！
對了對了！前陣子有顧客給予我們很高的評價。
這家店真的讓人非常放鬆。
全體店員都會溫暖地迎接顧客。

那真的就是令尊理想中的超市呢！
是。
咔嗒…
這家超市終於慢慢變成爸爸理想中的樣貌了…但是…
我今天其實有相關問題想詢問你，才把你請過來這裡的！
！
直截了當
我想知道隱藏在爸爸話語背後的真意！
我想新妻先生一定會知道才是。
我要你再做一次選擇。
你願意繼續當總經理？
還是想回去做自己想做的事？
其實…
你等一下。
今天是最後一次的NLP課程。
所以是不是先讓我把課程上完，再處理你的問題呢？
…
好、好的。

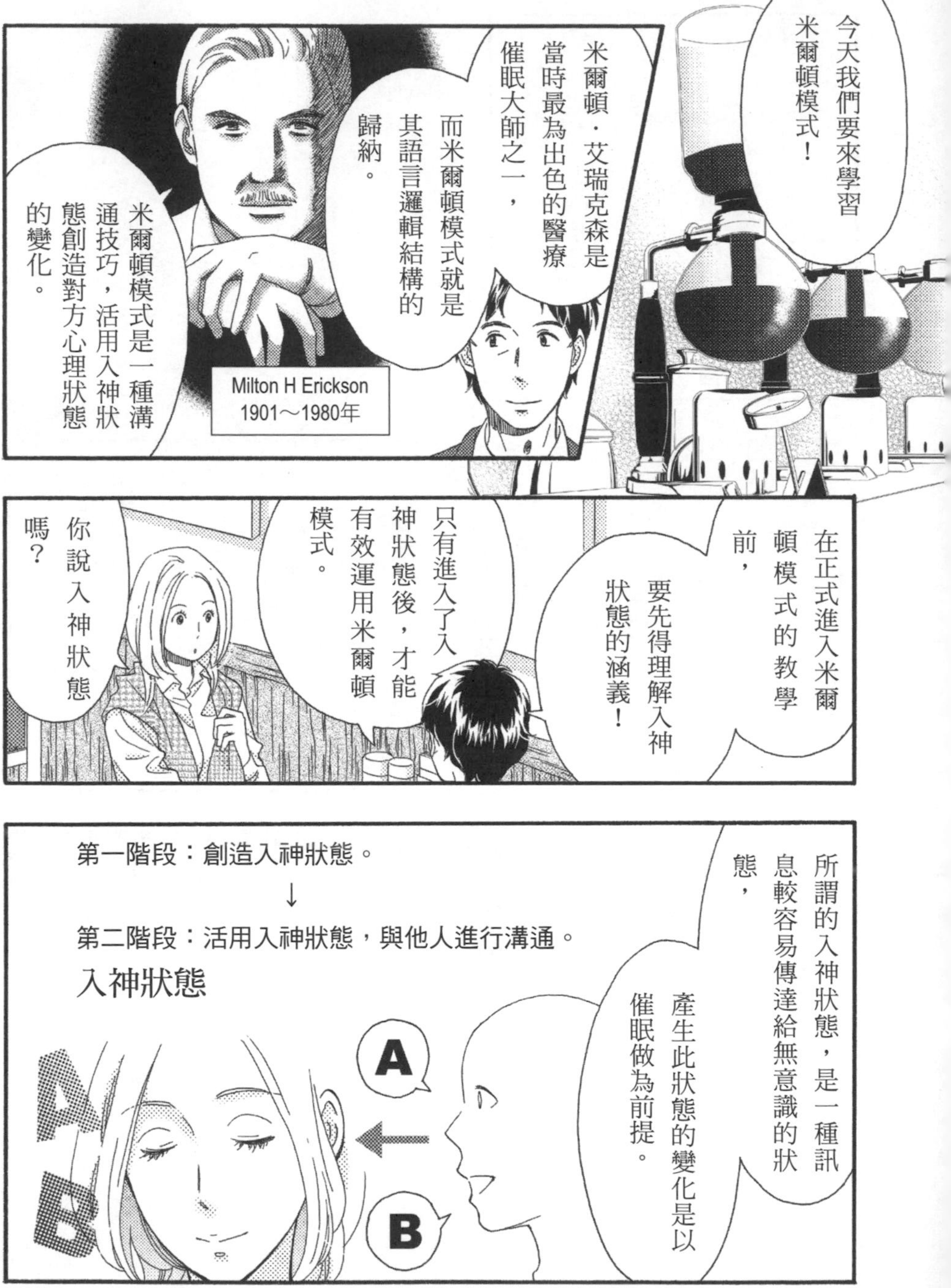
今天我們要來學習米爾頓模式！
米爾頓・艾瑞克森是當時最為出色的醫療催眠大師之一，
而米爾頓模式就是其語言邏輯結構的歸納。
Milton H Erickson
1901～1980年
米爾頓模式是一種溝通技巧，活用入神狀態創造對方心理狀態的變化。
在正式進入米爾頓模式的教學前，
要先得理解入神狀態的涵義！
只有進入了入神狀態後，才能有效運用米爾頓模式。
你說入神狀態嗎？
所謂的入神狀態，是一種訊息較容易傳達給無意識的狀態，
產生此狀態的變化是以催眠做為前提。
第一階段：創造入神狀態。
↓
第二階段：活用入神狀態，與他人進行溝通。
入神狀態
A
B

無意識在入神狀態佔據優勢地位，變化也只會產生於那狀態。
根據狀況不同，意識有時也會築起一道高牆，保護無意識。
牆壁？
入神狀態
意識就像是一位守護無意識的警衛！
無意識
當我們集中意識時，通常處於緊張狀態。
也就是擺出防衛姿勢。
就像是一個人手無寸鐵的身處於猛獸環伺的叢林。
叢林…
處於這種狀態時神經會異常敏感，對任何風吹草動，還是景色變化都會很緊張。
風吹草動
吼吼吼
風吹草動
心跳加速
這種狀態很難接受別人說的話。
你聽我說。
別吵啦！
真的。

我們會在什麼時候產生這種意識？
這個嘛…
處於敵對關係的人
初次見面的人
不認同自己的人
想法與自己相反的人
我們會在無意識的情況，敵視自己不太了解的人。
不管對方說什麼，我們總會沉吟並保持懷疑，
沒有辦法敞開心胸接受對方的話！
真的嗎？
他們是不是在撒謊？
很難相信。
日吉小姐與我初次見面時也是如此。
但這裡目前不缺顧問。
有這麼一回事呢
哈哈哈…
若維持這種緊張的狀態，你是不是會感到疲累？
這當然會對身體造成極大負擔，長時間處於緊張狀態會搞壞身體，
我們的身體肌肉會僵化，因此沒辦法發揮實力！
東張西望
神經緊繃
變化當然不會產生這種狀態。

我們必須進入到入神狀態，才能引發變化。
集中
入神狀態能讓我們集中於某件事物，這就是特徵。
就像是我們集中精神時，聽不到周遭的聲響？
喂！
專心致志
沒錯，那也是入神狀態的一種。
當我們恰到好處地放鬆身體，處於專注力高度集中的狀態時，直覺也
會變得敏銳。
還會得到寬廣的視角，讓我們的待人處事較為靈活。
入神狀態並不特殊，
這是另一個特徵。
不論是否進入了深度入神狀態，我們每天都能經驗數次入神狀態。
所有人也都可以憑藉不同的方法進入入神狀態。

當我們在進行NLP的動作時，引導者都會誘導對象進入入神狀態。
入神狀態
第一階段
第一階段：創造入神狀態。
↓
第二階段：活用入神狀態，與他人進行溝通。
創造入神狀態後，第一階段就完成了。
第二階段，米爾頓模式終於登場。
入神狀態
米爾頓・艾瑞克森特別重視「同步→親和感」的流程。
通常他會在閒聊建立親和感，創造適切環境，讓客戶能接受引導者的話。
此外還會在閒聊暗示，讓對方的想法出現變化。
暗示
暗示
暗示
只要理解米爾頓模式的使用方法，就能順暢的對員工傳達指令，保持雙方的信賴關係。
哦哦！這太棒了！

米爾頓模式有個要素被稱作連接詞。
連接詞
使用連接詞可以順暢地將「同步」導向「親和感」。
譬如說引導者會透過接續詞將現在發生的事，
現在
將來
和未來發生的事作連結，讓客戶對因果關係產生反應。
讓我舉個例子…
？
你坐在椅子上。
是、是的。
而你開始感到力量從身體抽離。
咦？

感覺如何呢？
咦？
能有什麼感覺？
感覺這兩個句子根本沒什麼關係。
沒錯，你很有可能對我的這段話感到牛頭不對馬嘴。
我「坐在椅子上」的事實，與「感到力量從身體抽離」的變化，兩者間根本沒有任何因果關係啊？
那這次讓我們加入連接詞看看。
你坐在椅子，接著感到力量開始從身體抽離。
啊。
在兩者間擺入接續詞後，是否就感覺到兩者有關聯，有因果關係了呢？
嗯……感覺到了。

如果你的大腦產生錯覺，認為兩者間具有因果關係，「力量從身體抽離」的感受就會跟著出現。
坐在椅子上時，
力量就會從身體抽離。
理由與其構造有所關聯。
「你坐在椅子上」這件事是針對客戶所處狀況進行描述。
客戶沒辦法去否認這句話，內心跟著給了YES，於是毫無抵抗地接受這句話。
你坐在椅子上。
Yes.
原理與之前學過的回溯法相同呢！
沒錯！前半部的構造使用同步法，後半部使用引導法。
你坐在椅子上
接下來
你感到力量開始從身體抽離。
創造能順利讓對方接受的流程（同步）。
連接詞
向對方傳遞訊息，藉此讓對方的想法產生變化（引導）。

在職場又該怎樣使用這種技巧呢？
一樣。
主管有時候會要求員工做新的工作，或是要他們提出新的工作進行方案，
站在員工的立場來看，很多時候這些要求都會產生極大壓力。
新企劃
新案件
就無法心甘情願的服從主管指令。
如果主管能意識到前面提到的「對現狀予以同步→引導（促使變化）」的流程，好好與員工溝通，
員工就能毫無壓力地接受主管的話。
日吉小姐都是採用怎樣的措詞去命令部下們做事？
這個嘛……，
我的拜託方法很普通耶…
戶越先生。
你可以幫我想方法嗎？我想要提升飲料賣場的銷售額。
痾，
好的。

感覺就像這樣。
原來如此，
若是像你剛剛那樣毫無預警的要求員工，有時他們會產生抵抗。
咦咦。
如果是一名忙碌的上班族，
有時也會對多出來的工作量產生排斥感。
下面是使用了米爾頓模式連接詞的狀況。
戶越先生。
你今天也很仔細的在做清潔呢！
（讓對方大腦產生YES）
如果你打掃完環境，也弄好該做的工作…
（是一個連接詞）
可以幫我想個方法，幫助提升飲料賣場的銷售額嗎？
好的，我知道了。
大概就是這種感覺，你覺得如何？
原、原來如此。

使用連接詞，將沒有關係的兩個現象兜在一起。

接下來、如此一來

範例：你坐在椅子，接下來感到力量開始從身體抽離。

使用時間流來建立現象間的關係

當、在……期間、然後

範例：當你聽著我的聲音，會一邊意識到自己的內在。

使用因果關係，向對方傳達因果關係。

…透過、…所以。

範例：透過搓手這個動作，所以頭腦神清氣爽。

一開始的句子先以同步，創造讓對方順暢接受談話內容的流程。
接下來再向對方提出建議，對方就不會抵抗，而能輕易接受。
沒錯。
這邊還有一些連接詞的用法。
一定弄懂不同的使用方法。

原來如此，原來如此。
…
寫下來
之前我也提過人類就是在尋求安全和安心感。
若要百分百發揮人類的最大極限，創造安心的場所才是重點！
一抖

職場好壞，是員工能否專心工作的關鍵！
……
若是公司風氣讓人感到安全及安心，員工就能集中眼前的工作。
這代表員工可以創造入神狀態，將能力發揮到極致。
大家不需要費神去處理人際關係，
所以保持放鬆，不容易感到疲倦，隨時都是精力充沛，
他們沒有必要對外界過於防範。
不好的職場環境會讓員工經常處於緊張狀態，
煩躁
不堪
抱持著壓力，員工們因此精神渙散，造成各種失誤。
教書教了10年後，就會帶有一股書卷氣，
而擔任銀行職員10年後，就會擁有一股銀行職員的氣質。

「場所」具有一種看不見的力量（無意識的力量），能幫助培育人才。
計
點心類
「場所」可以培育自己成材…
我要你再做一次選擇。
你願意繼續當總經理？
還是要回去做自己想做的事？
難不成…爸爸他。
而自我開發是一種活用無意識的人才培育。
抱歉！
我想起有其他事情要忙！
突然站起
那你要跟我談的事呢？

已經沒問題了！
喀啦
喀啦
碰
……
呵呵
老闆，你的身體已經好了嗎？
嗯，我已經完全復活。
哇哈哈哈
嘿咻
咦？
GOOD DAYS

我問你們，
我女兒當上Gooddays的總經理後，你們覺得這個「場所」是否有起到培育員工的作用呢？
壓力會不會比以前還要大，
或是感覺瀰漫著一股不舒服的氣氛？
你們能專心工作嗎？
總經理
唰
你根本不需要問這些。
耀眼無比
你看看大家。

叩叩叩
叩叩叩
呼、
爸爸…
呼
爸爸要我二選一…
是想要詢問我，這間超市對我來說是不是一個可以讓員工感到安全與安心的「場所」吧？
呼
呼
叮咚
果然。
我讓你當上總經理還說這種話是不太應該，
看來這些都只是我在杞人憂天。
這裡對我來說…
真是抱歉…
咦？
但是我不知道這個「場所」是否能讓你發揮最大能力，
也很擔心你是否能在維持安全與安心的前提，好好經營這間超市。

看到員工們殷勤工作的樣子，可以看出你在這間超市注入了多少心力。
大家可以充滿活力的工作，都是因為這裡是個能讓人感到安心、安全的所在。
這間超市慢慢變成你的理想了。
爸爸…

麻煩你繼續當總經理。
嘻嘻
當然沒問題，我可是總經理呢！
因為我現在擁有NLP這項武器啊！

什麼是米爾頓模式

01

直接作用在無意識

第三章和第四章，我曾向各位講解後設模式，這是NLP的開山祖師們最初開發出的心理治療手法。他們以天才醫療催眠大師──米爾頓・艾瑞克森的學說做為基礎，開發另一種語言模式。米爾頓・艾瑞克森是當時全世界最為傑出的催眠治療師之一，催眠是一種直接作用在無意識，藉此催生出想法變化的治療方法。

米爾頓模式屬於一種催眠溝通，是引導客戶進入「入神狀態」，再透過誘導催眠，使客戶想法產生變化。

因此在我將米爾頓模式傳授給各位前，先讓各位理解何謂「入神狀態」。米爾頓・艾瑞克森的催眠療法除了與米爾頓模式關係緊密，也對NLP整體造成極大影響。請各位在大腦建立一個觀念，NLP的變化全都來自於左頁下半部的兩個程序。

創造心理變化的溝通方法

● NLP最早期的兩個模式

後設模式

研究Verginal Satir（家族治療）與Friz Perls（完形治療）在心理諮商過程使用的用字遣詞，創造的語言模式。特徵是進行詢問，將曖昧不明的語言還原至正確的語言（修正刪減、扭曲、一般化）。

米爾頓模式

研究米爾頓．艾瑞克森在心理諮商過程使用的詞彙，創造的語言模式。米爾頓模式故意使用曖昧不明的措詞（善用刪減、扭曲、一般化），誘導客戶大腦對解決問題有幫助的記憶，達成治療的目的（反向後設模式）等，其中包含一些與後設模式相反的治療手法。

● 創造變化的順序

第一階段：創造入神狀態。
（入神誘導）

↓

第二階段：活用入神狀態，與他人進行溝通（創造變化）。

什麼是入神狀態 02

⇩ 接納的狀態vs排斥的狀態

當談話對象的意識處於入神狀態，想法容易改變，我們可以在這時進行誘導催眠。簡單來說，無意識在此意識狀態佔據優勢地位，訊息容易傳達給無意識。**我們都害怕變化，若是不處於入神狀態（意識的變化狀態），一般人很難接收訊息，藉此促成內心想法改變。**

意識佔據優勢地位的狀態，就是入神狀態的相反。左圖A對方處於意識佔據優勢地位的狀態，進行溝通。這種狀態對方的耳朵是聽見了，但訊息卻沒有傳遞至身體各處（無意識）。

圖B對方聽見我們的話，且感到「說到心坎裡了」、「感同身受」等。我在前面章節也提到過，「無意識＝身體＝感覺」。意識層次即為表層，無意識則代表裡層，**當我們向對方深度傳達一句話，也代表我們讓訊息滲透至對方身體各處（＝無意識）。**

兩個不同層次之間的溝通

圖A

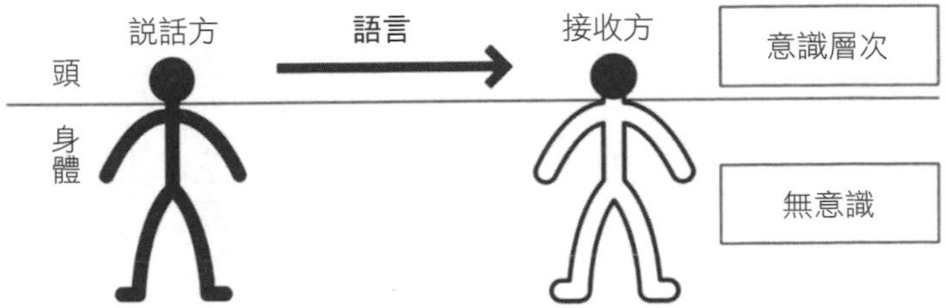

接收方只有意識層次（腦部）理解說話方話語的狀態。
說話方的話並未傳遞至接收方的無意識（身體）。

圖B

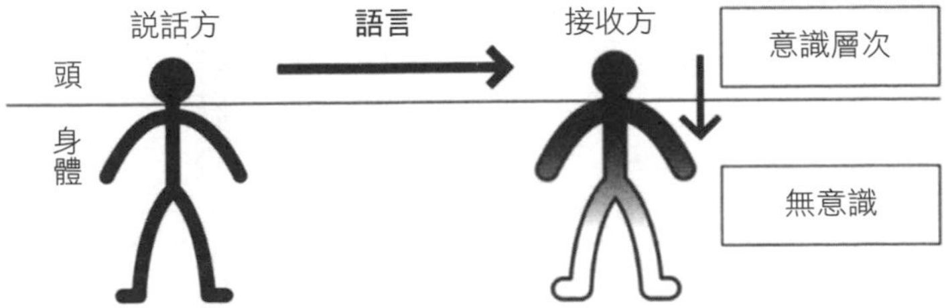

此狀態接收方的內心感到共鳴，身體各處都接收到
說話方的訊息。

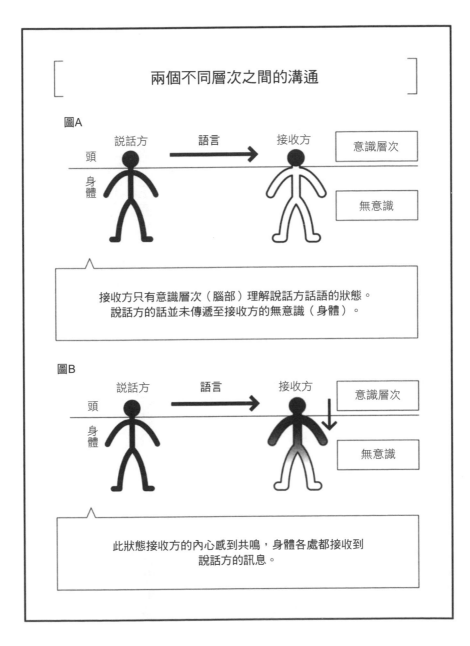

⇩ 意識會在感知危險時採取行動

當我們的意識佔據優勢地位，語言在大腦往來時（意識＝思考＝語言），是無意識創造了一副鎧甲，保護自己的安全。

當我們具有強烈主觀意識時，會產生強烈的防備心，主張從前的判斷無錯誤，努力想維持現狀。譬如我們身處會議場合，同席者有很多與自己持相反意見的人時，就很難接納周遭意見，而是會主張意見的正當性，希望能改變其他人的想法。

這時我們就會像是二一七頁的圖Ａ一樣，聽到他人的話，無法敞開心胸去接受他人意見（只有腦部接收到＝身體並未接收）。我們要怎麼去判斷對方是否進入意識佔據優勢狀態？緊張狀態（神經緊繃）是特徵。

當我們處於緊張狀態時會擺出防衛姿態，為了保護自己而監視外界環境，不接收任何外部影響。此狀態，我們會深刻意識到眼中所見，耳中所聞。

舉例來說，當一個人手無寸鐵的身處於猛獸環伺的叢林時，會擺出防衛姿勢，為免於受到猛獸襲擊，會對外界環境繃緊神經，一點聲響也能立刻察覺，可以發現環境的微妙變化。語言也會在大腦打轉，處於這狀態時，你甚至無法入睡。

前面曾和各位提到，**我們處於危險環境而感到緊張時，就會想保護自己，因此對外部資訊抱持懷疑態度**。這時我們處於有意識的（有進行思考的）狀態。大腦會產生許多詞彙，適合在此時保持懷疑態度，對事物進行深度分析。若處在緊張狀態時，就很難接納他人的話。

當我們與處於敵對關係的人，或是初次見面的人待在一起時，內心也會緊張。因為我們會無意識地將**「想法與自己相反的人」、「不認同自己的人」、「不清楚底細的人」視為敵人**。且還會懷疑對方的話，此時就無法接納對方。這時處於極端緊張的狀態，所以容易感到疲倦，因身體動作僵硬而無法發揮本來的能力。一直意識到要保護自己，因此感到神經緊繃（處於高壓狀態），而無法保持頭腦清醒來專心處理工作。某情況來說，這時也許我們抱有高度的工作意願，但長時間維持這種狀態會對身體造成負擔，而損壞身體健康。

03 入神狀態的特徵

⇩ 何時會進入入神狀態？

當我們自從持思考的狀態（意識佔據優勢的狀態）抽身後，就有可能進入入神狀態。舉個貼近各位生活的例子，當我們泡溫泉，身體放鬆時，或沉浸書籍或電影的世界時，都有可能處於入神狀態。

當我們處於「無意識佔據優勢的狀態（入神狀態）」時，不只是在工作方面，在運動和證照考試的學習也能將潛力發揮至極限。入神狀態就是一種放鬆的狀態，每個人每天都會經驗數次這種自然狀態。

在前面的說明中，某種意義來說，維持思考的狀態是一種緊張狀態。此時大腦會充斥各種詞彙，讓我們對凡事抱持懷疑，這也可以說是一種適合進行分析，或檢查語句是否有缺點的狀態。這時我們會拒絕接受外界資訊，因此不容易受騙上當。所以這種狀態反而能在危險時幫上大忙。

像這種「維持思考的狀態（意識佔據優勢的狀態）」其實也有好處。「維持思考的狀態（意識佔據優勢的狀態）」，是「入神狀態（無意識佔據優勢的狀態）」都各自擁有優缺點。如果一個人總是處於入神狀態，就代表說他在生活無設防，是一種危險的狀態。入神狀態能幫助我們發揮出最大限度的能力，如果處於需要保護自己的情況時，就有必要進入意識佔據優勢。

我們能在入神狀態發揮最高的能力，理由是此時可以專心致志。處於這種狀態時，對外部或內部，任何工作和行為，都可以進行集中發揮。舉個例子，運動選手留下佳績時就是處於這種狀態。當運動選手的精神高度集中時，甚至會聽不見周圍觀眾的熱情加油聲。

入神狀態能好好放鬆身體力量，處於專注力高度集中的狀態。當我們處於高品質的入神狀態時，除了看事物的視野變廣，還能讓我們的待人處事較靈活。善於工作與讀書的人都擁有高度專注力的特徵。

當我們緊張時，大腦會維持思考，**入神狀態會發揮我們的靈感泉湧。**發明家、藝術家得到一個靈感，是處於入神狀態，商業人士提出一個優秀的經營方針，也都是處於入神狀態。

⇩ 為什麼入神狀態能改變對方想法

二一七頁的圖B透過另一個觀點進行說明，代表外部資訊會在通過意識（腦部）的檢測後，滲透入身體各處（無意識）。**進入此狀態，接收方會信任說話方（因為感到安全），毫不遲疑的接受說話方的話，且產生變化。**

有些人在看電影時會不斷對內容做出分析，他們不會感同身受，不會受到電影內容影響。始終維持一派冷漠，完全不產生任何變化。

也有人會深入劇情，完全進入主角或是其他配角的戲分，對劇情走向感同身受，甚至會流下眼淚，觀影結束後會認為獲益良多。對演員的舉動產生反應，想法也跟著變化。

前者的意識佔據優勢，後者是處於無意識佔據優勢的狀態（入神狀態）。為了讓觀影者進入入神狀態，電影會使用許多技巧，因此大部分的人都會經驗到入神狀態。電影有趣的地方就是這裡。

處於入神狀態時，**我們可以在無意識（身體＝感覺）層次接收資訊，根據資訊來改變想法。**

處於平常的意識狀態時（意識佔據優勢），如果有催眠治療師對你說「你充滿自信，沒有任何事情可以難倒你」，你會感覺對方講話怪怪的，因此對說法存疑，不產生任何變化。甚至還會產生防衛姿態，加強親身警戒心，以防被騙。若在入神狀態聽到同樣的訊息，我們不會感到懷疑，全盤接受。可以展現「深信自己充滿自信，沒有任何事情可以難倒自己」的狀態。

自我控制透過自我暗示進行，入神狀態的原理也一樣。很多潛能開發或自我啟發書都說「要不斷提醒正面的自我形像」，將形像描繪於腦中，就會變成現實。由於大腦無法區別現實與想像，因此進行自我暗示，就會真的充滿幹勁，或是成功克服煩惱。但對容易疑神疑鬼的人（容易讓意識佔據優勢的人）來說，即便進行同樣的自我暗示，也很難產生效果。

我們對自己進行暗示時，應該要①創造入神狀態，接下來進行②自我暗示（改變想法的技巧）。每一種自我暗示法的教學，都說明不要一開始就自我暗示，要透過深呼吸等方式讓意識狀態穩定，再進入自我暗示。**入神狀態不限於NLP和催眠，是一種讓想法產生變化的方法，如果我們理解入神狀態的操作，在施行所有改變想法的技巧時，效果會非常好。**

04 如何進入入神狀態？

人際關係的感受，決定能力

即便擁有演奏吉他的才能，如果患有社交恐懼症，在觀眾前就會因為緊張，沒辦法好好演奏。這類型的演奏者在人前只能照本宣科的進行演奏，但是地點一換，來到空無一人的舞台時，卻能發揮極高的專注力，而即興創造許多傑出作品。從上述例子可以發現，**入神狀態與安全的人際關係息息相關。**

一個人專注於某樣事物，事物本身讓他感到愉快很重要，安全的人際關係更不可或缺。

當我們和不擅相處的主管底下工作時，會無意識的感到危險，而關閉心房，被迫轉向思考狀態（意識狀態）。很多人都因此無法發揮應有的實力。有些有些運動員，在練習時可以完成某些動作，但到比賽當場卻會失誤。有些人是在親友面前辯才無礙，但在會議等場合卻會坐立難安，無法展現優點。

這些人在練習場合可以充分放鬆，所以擁有良好表現，他們有能力，**只不過某種人際關係讓他們沒辦法發揮實力。**

創造適當的關係，讓員工充分發揮能力，是領導者在職場的重要任務之一。為了將員工誘導至入神狀態，有兩個要素能幫上大忙，一是同步，二是認同（支持）。

⇩同步並不是一個操控方式

當我們感覺受到對方尊重時，就能接受對方說的話。將決定權交給對方，提供對方安全感，即便大腦（意識）知道一件事情是正確的，如果身體（無意識）感受到危險，就無法接受這件事。

我們具有兩個面向，一面渴望變化，另一面是希望維持現狀。當身處危險環境時，就會強烈的希望能維持現狀。如果是感到安全時，就會強烈渴求變化。

進行會造成極大變化的決定時，上述傾向會變得十分顯著。譬如有時，我們知道想要根治疾病，應該動手術比較好，但仍會對接受手術這件事感到恐懼，而無法做決定。

如果醫生表示「不接受手術會造成嚴重後果」，反而會讓患者的內心更加封閉。如果醫生設身處地的為患者著想，說一句「你一定很害怕吧！」對患者處境給予理解，患者就會感到醫生有設身處地的為自己著想，而敞開心房。這就是所謂的同步（配合對方）。雖然患者認為手術很恐怖，但提出建議的是這位值得信賴的醫生，所以就能鼓起勇氣接受手術。這就是引導。

員工與學生的成長是一種變化，是一種揮別過往自我的過程，當事人會感到恐懼。所以當我們促使對方產生某種變化時，即使這種變化在旁人看來是正確且美好的，也應該要理解對方的立場與心情，而不是全盤否定。我不希望各位認為以正義做為出發點，打著「為對方著想」的旗號來強求對方做出變化。尊重對方是同步的精髓，若將同步視為「讓對方產生變化（引導）的方式」，就無法收到應有作用。

尊重對方的步調

我曾提到我們都在追求維持現狀，與他人進行溝通時，這種傾向會顯現於雙方剛開始對話時。**除非對話雙方關係非常親近，否則都會在剛開始溝通時感到封閉和不自在。**

讓我舉個較貼近生活的例子。你跟一個久違的朋友約出去見面，此時他突然邀請你前往氣氛與以前見面地點不同的場所，譬如法式餐廳，你應該會感到沉重。若約會地點換到氣氛平易近人的咖啡廳呢？你應該就會很自然的接受邀約。此時突然邀請你前往法式餐廳是一種「引導（誘導＝創造變化）」。而邀約你前往氣氛平易近人的咖啡廳是一種同步（配合對方），**因為對方對你來說是較平易近人的提案。同步就是提供對方容易接受的狀況。**

「對方目前的狀況」就是對方最容易接受的事物。因為這狀況與他最貼近。前面的例子，有位害怕動手術的患者，如果醫生在此時理解那位患者的狀態和心情，患者就可以安心接受醫生的意見，只要持續進行這動作，患者心房會自然而然的敞開。當患者卸下心防，就會進入入神狀態。**透過同步建立起親和感，這是誘導對方進入入神狀態的做法。當我們與對方建立起深厚親和感，對方也會處於入神狀態。**

給予「安全感」，誘導「YES」

05

⇩「描述對方目前的狀況」，進行同步

首先我們應該要接納對方的狀態，這是進行同步的基本事項。回溯法就是其中一種方法。回溯法是原封不動的重複對方的話，而**描述對方目前的狀況其實也有相同效果。**

只要使用回溯法，姑且不論是否說出口，對方都會在心中給出「YES」，心房自然也就隨之敞開。描述對方目前的狀況對一個既定事實做出敘述，對方也會在心中給出「YES」。

舉例來說，當我們對一個正在流汗的人提到「你汗流浹背」，就是在對那個人目前的狀況做出描述。他當然就會在心中想說「沒錯（是的）」，或是直接把它說出來。如果能在談話過程持續讓對方得出「YES」的答案，那麼對方就會認為受到尊重，而對雙方的關係感到安心。

一旦對雙方的關係感到安心，對方的無意識就會開始認為「與這個人在一起＝安全」。對方心理狀態的構圖會向著「跟隨這個人＝安心」、「這個人說話＝安全」發展，之後就可以輕易地進行引導的步驟。

當上屬對員工給出一個指令，如果員工沒有在內心充分認同指令，就沒辦法幹勁十足的執行。唯有全心全意接受指令，員工在執行才會效率十足。這層意思來講，建立親和感，到進行引導的過程都與提高企業生產息息相關。「描述對方目前的狀況」能讓對方不斷給出「YES」的答案，建立出親和感，與回溯法一樣，都被稱為「YES SET」。

米爾頓模式的連接詞

米爾頓．艾瑞克森向客戶描述「現在發生的事物」後，**透過連接詞與「希望在未來發生的事物」做連結，創造出必要的變化，這就是米爾頓模式的連接詞用法。**

請看以下A與B兩種敘述類型。

A「你坐在椅子上」「你開始感到力量從身體抽離」

B「你坐在椅子上，接下來開始感到力量從身體抽離」。

假設有人依序對我們說出A、B兩種不同類型的句子。兩者要敘述的內容其實一樣，但實際兩者的傳達方法卻完全不同。

A的敘述方法可能聽起來就只是兩個獨立而沒有相關的句子，但是採用B這種敘述方法後，我們可能真的就開始相信力量從身體抽離了。

本來「坐在椅子上（現在的狀況）」與「力量從身體抽離」完全沒有任何因果關係，因此僅聽到A敘述的兩個句子，我們當然不會產生任何變化。

但是B在其中使用了**連續接接詞，讓我們產生錯覺，認為兩個句子其實是有因果關係的**。因為我們錯認兩者有因果關係，就較容易經驗到「力量從身體抽離」的變化。理由出在構造與關係，讓我們再詳細看看。

對方聽過以下兩個句子後，敘述類型A給了客戶一種印象，認為兩者間毫無關聯。

米爾頓模式連接詞

➔ 米爾頓模式連接詞的重點是A與B的構造。

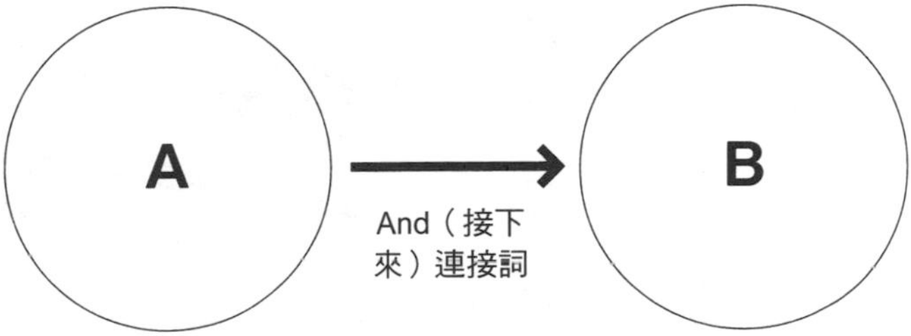

同步（描寫現狀）

引導（促使對方產生變化）

注意！ 請勿催促對方產生變化。首先要進行現狀的描述，讓對方較容易接受我們的談話內容。除了「And（接下來）」以外，下面還列有其他種米爾頓模式的連接詞。

● 代表性的連接詞種類。

①使用連接詞，將沒有關係的兩個現象兜在一起。【接下來、如此一來】
「你坐在椅子上，接下來開始感到力量從身體抽離。」

②使用時間流來建立現象之間的關係【當、在……期間、然後】
「當你聽著我講話，可以感到力量自肩膀抽離，身體因而進入放鬆狀態。」

③使用因果關係，向對方傳達因果關係。【～透過、～所以】
「透過意識到親身呼吸，能稍稍取回冷靜。」

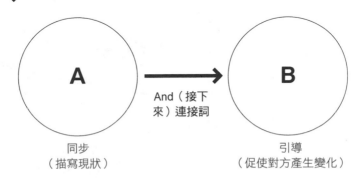

06 隱藏訊息與認同

隱藏訊息會對無意識造成重大影響

當我們想跟員工建立良好關係，藉此讓他們能夠發揮所長時，除了同步，還需要有「認同（支持）」。

舉例來說，當我們對員工表示「再加把勁」的時候，可能會帶有不同動機，譬如對無能的員工是「希望能讓他更有能力」，而對能幹的員工則認為「他很有能力，希望讓他能夠好好發揮」，即便講出相同的一句話，員工接收到的涵義也完全不同。前者的情況，員工的無意識會接收到一種「我是窩囊廢」的訊息。因為我們是以「員工很無能」做為前提發出這段訊息的。此時員工會隱約感到被否定（不被接納）。

若是我們在說話前將「員工很能幹」做為前提，就會成為這段訊息的隱藏訊息。員工會認為「自己被接納」，而感到安心。

無意識的功能極其優異，連隱藏在主管話語內的動機都能切身感受到。

⇩認同會帶給對方極致的安全感

當主管以「員工很能幹」為說話前提，代表主管對員工給予認同。**這時即便沒說出口（意識＝思考＝語言），氣氛也會隱約傳至員工內心深處**。「隱約傳至」是一種肌膚感受（體感＝無意識）。如果我們不透過語言（＝意識）來進行傳達，反而會發現，訊息更容易直接得到無意識的認同。

如果訊息傳遞至員工的無意識，就可以讓他們變得充滿活力，也產生安心感，因此能接近入神狀態，不會過度顧慮主管，為保護自己而耗費過多能量，而專心處理眼前的工作。這就是員工能發揮所長的情況。從上述內容可以發現，認同可以帶給對方安全感，進入入神狀態。當各位與知己相處時，是否也會暢所欲言，毫無抵抗的接受對方所述內容，且能專心工作呢？

「待人處事（立場）」有所不同，這是隱藏在上述兩個前提的要素。

「待人處事（立場）」是腦部的要素，但是在我們將氣氛透過語言傳達給對方前，對方的肌膚感受（無意識）就會先感受到。

當我們在商場交際時，有時必須向對方傳達自己的真意，也就是將原本隱藏的訊息傳達給對方知道。如果你是一位重量級顧客，那麼交易對象可能會對你阿諛奉承，滿口美言佳句，這樣也許會讓你感到沉重有壓力。此時對方說出來的話（意識）是正面的，但是他的「待人處事（立場）」和感覺「真意部分（無意識）」是負面的。

各位是否曾感受主管怒罵你時，雖然措詞辛辣，但仍帶有溫暖？此時主管的用字遣詞是負面的，但其實對員工是愛之深，責之切。

「認同（支持）」就是「接納他人的姿態」。這邊的「接納」意指與對方進行接觸時，不做價值判斷（不判斷善或惡）。**此時我們將提供對方安全感。**因為我們完全不進行任何判斷就接納對方，意即我們可以全盤接受對方的一切。**當我們概括承受對方最好和最壞的部分時，對方不需要再進行任何防備，就能感到極致的安全。**

誘導對方進入入神狀態的兩種方法

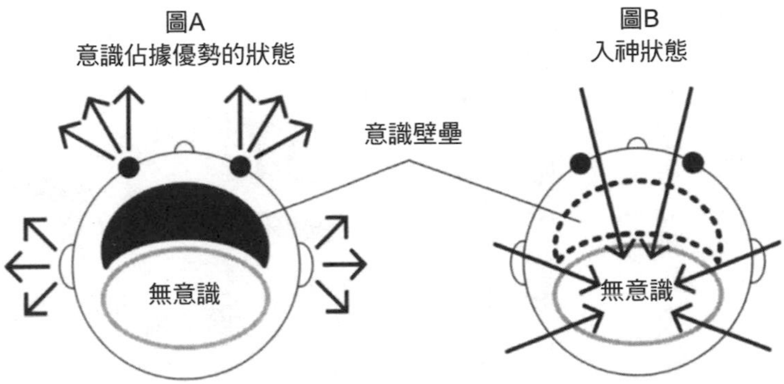

→當我們的意識佔據極度優勢時，會密切注意外界環境，對眼中所見，或是耳中所聞都會抱持警戒（緊張狀態）。此時意識壁壘會守護無意識的安全。

→當我們處於入神狀態時，意識壁壘將會較為紓緩，外界資訊能直接傳遞至無意識。此時身心靈皆處於放鬆狀態，所以能率直的聽取他人意見。

● 誘導對方進入入神狀態的兩種方法

①「同步→親和感」的流程
重點：重視對方步調，對目前的狀況給以尊重。

②透過認同（支持）提供對方安全和安心感
重點：在接觸對方時不做出任何價值判斷（不判斷其中的善或惡）。

直接向無意識傳遞訊息（米爾頓模式假設前提①）

07

溝通的隱藏訊息

當我們抱持「員工很無能」或「員工很能幹」兩種不同印象去接觸員工，對方接收到的隱藏訊息也會不同。

意識捕捉的資訊，很難傳遞到無意識，因為意識就像是一副守護無意識的鎧甲。當我們要促使對方產生變化，會先將對方誘導至入神狀態，創造無意識佔據優勢地位（卸除鎧甲）的狀態，再進行訊息傳遞。

若我們使用的是隱藏訊息，則**代表可以直接穿透意識鎧甲，將訊息傳遞至無意識**。

我們會為了看星星而眺望夜空，此時我們的意識集中在星星。但是映入眼廉的資訊有大半部分都不是夜空的星星，而是一片黑暗。如果我們將意識集中在星星，就會忘記一片黑暗的夜空。

意識很難同時處理兩件事，比較適合專注於一件事。**「有看到卻忘掉的部**

分」就是直接傳遞至無意識的部分，也是溝通的隱藏訊息。

⇩利用隱藏訊息，創造變化

向各位介紹一種隱藏訊息的使用方法，可將隱藏訊息穿插在對話中，創造變化。這是一種使用特定語言，讓談話對象自然而然接受其尚未察覺的「前提」，藉此創造出變化的方法，稱為「米爾頓模式假設前提」。

假設有位老師，他想引導學生對讀書的好奇心。他以兩種方法，向學生們詢問有關學習好奇心的問題。

A：「你對學習抱持好奇心嗎？」
B：「你對學習抱持深厚的好奇心嗎？」

A與B就在「深厚的」這句形容詞有所差異。但是A與B在溝通方面的意義卻因此大相逕庭，學生聽到的句子不同，也會讓他們產生的狀態大大不同。

A是問學生「有沒有好奇心」。

因此答案大致上也分為兩種，一是「有好奇心（YES）」，二是「沒有好奇心（NO）。」

那麼B又是如何呢？讓我們再看一次。

B：「你對學習抱持深厚的好奇心嗎？」

B是在問學生是否對學習抱持有「深厚」的好奇心，而不是在問學生有沒有好奇心。結果學生們的無意識不會發現自己已經被設置「有好奇心」這個前提，而會全盤接受。

學生們在被問這個問題，會先去探究自己到底有沒有「深厚的好奇心」。**這是因為當學生被問到「有沒有深厚的好奇心」時，大多會將焦點擺在「是否深厚」。於是他們就會開始思索「自己哪方面的好奇心較深厚」**。學生會從過往記憶挖掘幾個與好奇心有關的記憶，且開始想這些經驗是不是「深厚的好奇心」。

當學生將焦點放在「深厚」這個形容詞時，就會在此階段開始集中精神思考「自己的好奇心是否深厚」，不會疑惑「自己到底有沒有好奇心」。由於這個問題已經定下「抱持有好奇心」的前提條件，因此學生不會懷疑前提條件，而是會去思索「自己的好奇心是否深厚」。

觀星時，我們將注意力都集中在星星，因此就會忘記自己眼中其實也看到一大片黑暗（被無意識化）。學生也是將注意力集中於「深厚與否」這個問題，所以就毫不懷疑的接受自己有好奇心這件事（被無意識化）。

⇩ 回答會符合引導者的意圖

在B的問答，不管學生回答「YES」還是「NO」，都承認自己抱持有好奇心。**像這種不管如何回答，都能實現相同狀態的問答方法被稱為「雙重束縛（Double bind）」**。

此外，當學生們聽到B的句子敘述後，會在不知不覺的情況（沒有察覺＝無意識的）聯想到與讀書有關的好奇心（因為會想起來），因此這方面的想法會得到強化，能創造正面主動的變化。

※本書提到的雙重束縛意指米爾頓．艾瑞克森使用來創造出客戶肯定性心理變化之「治療性雙重束縛」。

⇩聚焦記憶產生的影響

我們回想吃酸梅的經驗，嘴巴就會分泌唾液。因為大腦無法分辨現實與想像。當我們想起鮮明的回憶時，大腦會錯把這回憶當作現實，身體因此產生反應。

當學生聽到句子B時，會在大腦思索過往記憶的「好奇心」，因此受到記憶影響。好奇心是一種正面主動的感受，因此會創造正面主動的變化。句子B採用雙重束縛，所以只要學生與老師建立親和感，學生可以接納這問題，不管學生回答如何，結果都可以讓學生的想法變得正面主動，與老師的意圖相符合。

如果學生不喜歡這位老師，那麼一開始就不會接納老師的話。先建立親和感，雙重束縛才有用。

米爾頓模式假設前提的類型

①時間附屬子句：「之前」、「當」、「在……之間」
「在掃地前我有句話想對你說」
→以掃地做為假設前提。

②數字順序：「首先」、「先」、「下一個」、「第一」、「第二」
「要先放鬆身體右側？還是左側？」
→以身體兩側都會放鬆做為前提，問題是在詢問哪邊會先放鬆。

③「副詞」與「形容詞」
「你是刻意創造入神狀態嗎？」
「你正在經驗深度入神狀態嗎？」
★以對方已經處於入神狀態做為前提。問題是在詢問對方是否刻意，和是否深度進入該狀態。

④「發覺」的情態助動詞「發覺」、「知道」
「你曾進到入神狀態過嗎？」
「你有發覺自己的一句話帶給別人多大的影響嗎？」
「你有發現自己深受周遭所愛嗎？」
★在此我們是問對方「知道與否」、「發覺與否」，因此是以前後的文字敘述做為前提。

如何幫助對方發覺（米爾頓模式假設前提②）

08

問題的詢問重點是？

為讓各位能更加理解「米爾頓模式假設前提」的使用方法，在此向各位介紹另一個被稱做「情態助動詞」的詢問類型。

這可以幫助員工、學生獲得自信心，創造正面變化。

A：「你有受到周遭人喜愛嗎？」
B：「你有發覺自己受到周遭人喜愛嗎？」

A是在問對方是否受到喜愛。採取這種詢問方式，對有些較沒自信的人會回答「我不受喜愛」。他會再次體認自己沒有受人喜愛的價值，並對信念做出強化。

B是在問對方「是否有發覺自己受到周遭的人喜愛？」而不是在問「是否

受到喜愛」。

此時若雙方建立有親和感，那麼對方就會向內部探尋問題的答案。這時回答「YES」意即代表「有發覺」。就算對方回答「沒有發覺」，也只代表他尚未意識到罷了，但他已接受自己受到喜愛的事實。果然這種溝通方法也是一種雙重束縛，因為對方不管回答「YES」還是「NO」，都會產生與引導者之意圖相符合的變化。

⇩兩個「假設前提」，加強效果

此時再加一句「情態助動詞」。

> C：「你有發覺自己的側臉也很好看嗎？」

C與前面的例子相同，已經將側臉很好看這件事當作前提了。

也就是說，當我們詢問對方「是否發覺」，對方的無意識就會接收到「側臉也很好看」的訊息。

讓我們再看一次C。

其實裡面有兩個假設前提。

「側臉也很好看」，如果是寫成「側臉很好看」，意思就會不一樣。「側臉很好看」代表這個人的側臉特別好看，而「側臉也很好看」則是**代表不僅限側臉，其他角度也很好看的意思**。如果我們在問題提到「側臉也很好看」，那對方是否就會意識到「自己還有其他哪個部位很好看？」呢？

如果雙方建立親和感，即便對方僅是將意識擺在「是否發覺」的部分，也會有「側臉＝好看」的想法。如果對方將焦點擺在側臉以外的部位時，就不會意識到側臉很好看這個假設前提，也就是會進入更深度的無意識狀態。當我們在句子放入雙重假設前提，就能讓句子更深度的隱藏訊息，因此通過意識的檢閱。

雖然也可以使用「你側臉也很好看，你有發現嗎？」這種詢問方法，但根據我的經驗，若雙方擁有親和感，使用米爾頓模型的「情態助動詞」時，最好是使用倒裝句，也就是將「你有發現嗎？」這句話移到前面會更有效果。

因為有許多人若是先聽到「你有發現嗎？」這個句子，就會將意識擺在這裡。在二三九頁的例子只有加入「深厚的」這個形容詞，而我們只要對例子的用字稍加變化，改變句子強調的部分，或是改為倒裝句，傳達給無意識的訊息就會完全不同。

使用隱藏訊息時的注意事項

想要直接將訊息（隱藏訊息）傳遞至無意識，有一些重要的注意事項。希望各位可以知道，使用「隱藏訊息」溝通時，必須抱持著良善動機，否則會造成一些不好的影響。無意識的能力十分強大，甚至可以分析談話對象的動機！如果你打算使用隱藏訊息來欺騙對方，對方一開始就會很難進入入神狀態。即便你在當下把對方唬得一愣一愣的，但是你不誠實的態度會表露無遺。長遠來看這會失去雙方的信賴關係。米爾頓．艾瑞克森曾表示：「我能將假設前提等語言模式做出有效運用，因為客戶在無意識判斷我的話帶有善意。」因為隱藏訊息有強大的力量，所以我們對說話方的人格備受要求。

09 利用刪減、扭曲、一般化，創造變化（反向後設模式）

讓五感資訊重現？

書中多次提到，語言溝通充滿刪減、扭曲、一般化，我們會藉由過往經驗（記憶）進行補充，以便理解對方的話。譬如在前文介紹的「飯店住宿經驗談」，學員也是一邊透過各自經驗對我的經驗染上不同色彩。這些學員聽完我的經驗談，大多心情愉悅，許多學員為了理解我的談話內容，會在大腦描繪經驗過的飯店住宿經驗，經驗都不一定是舒適的。學員在大腦描繪美麗的夜間景致和聖誕樹，結果身體產生反應，喚起身體感受。大腦部無法區分現實和想像的不同，所以在大腦描繪一幅舒適的圖像，生理也會感到通體舒暢。

講座一開始就提起自己的飯店住宿經驗談，有兩個目的。已經向各位解說「人類理解語言溝通的構造」。

另一個目的是希望學員們能理解，**我們在接收某人的談話內容時，會在大**

腦海重現五感資訊，以便理解，結果會受到這些五感資訊影響。

⇩反向後設模式

講座剛開始時，幾乎所有的學員都很緊張。因為他們周遭全是陌生人，因此學員不安的意識占優勢，我上課的內容很難傳遞給他們。於是我提起自己的「飯店住宿經驗談」，讓學員想起自己過往那些輕鬆愜意的經驗，讓他們的身體獲得舒緩。這也是一種非常有效的方法，能幫助我們將對方誘導至入神狀態。

閱讀小說的過程，我們會哭泣，或感到情緒激昂。這是因為當我們想要理解小說內的一字一句，會因此聯想過往記憶，而這些五感資訊會創造出「胸痛欲裂」、「爽快感」等體感反應。

為了填補遭到刪減、扭曲、一般化的語言表現，會透過記憶創造這些反應。**談話內容只要能讓接收方聯想到正面主動的記憶，接收方就會產生正面的感受。**

米爾頓．艾瑞克森就是利用上述原理，成功對客戶施以心理治療。NLP將稱這為「反向後設模式」。米爾頓．艾瑞克森刻意對客戶提出一些抽象性的對話內容（含有大量刪減、扭曲、一般化的對話），客戶必須透過親身記憶對這些內容進行補充，否則無法理解。讓客戶回憶起大腦那些對療癒身心有所幫助的記憶，讓客戶的狀態產生變化。

下面向各位介紹「反向後設模式」的相關例子。請閱讀下列文字。

> 現在你的人生出了一些小**問題**，也許你會想要**解決**。我不知道你擁有哪些**經驗**，能幫助你**解決這些問題**，但我知道，你的無意識能從你**過往的經驗**，找出對解決問題**有幫助的經驗**。

此時兩人建立親和力的關係，客戶就會任意以親身過往經驗去補充、填補粗體字的部分，理解這些字句的意思。

請各位接著來看下列句子。

> 現在你的人生出了一些**小問題**，也許你會想要**解決**。

句子描述至此，客戶會在一瞬間對「一些小問題」這句語言表現感到空白。接下來，因為大腦討厭空白，所以聽到這句話，客戶會以親身過往經驗對進行補充、填補的動作。所以客戶會聯想到「自己思考的差錯」，另外「也許你會想要解決」的部分，客戶也會對此感到認同（ＹＥＳ），因此形成一個ＹＥＳ ＳＥＴ，讓客戶更加信任說話者。因為每個人常常都要解決某些問題。

> 我不知道你擁有哪些經驗，能幫助你**解決這些問題**，但我知道，你的無意識能從你**過往的經驗**，找出對解決問題**有幫助的經驗**。

客戶會對「哪些經驗，能幫助你解決這些問題」感到腦中一片空白，大腦所建的自動搜尋系統會開始搜尋答案。

我們在此對客戶提到「但我知道，你的無意識能從你過往的經驗，找出對解決問題有幫助的經驗。」若是客戶毫無抵抗的接受這句話，就會形成一種暗示，客戶就真的能想起一些經驗解決問題。

「反向後設模式」**會向客戶傳遞一些能幫助解決問題的框架，這是此模式的操作重點**。「提供框架給客戶」，代表我們不會講述一個具體的事實，而是會故意使用含糊不清的字眼，讓客戶自行聯想。當客戶透過此框架來填補空白時，代表他會聯想到一些有用的經驗，幫助解決問題。打個比方，我們為一幅畫命名，且裱框，畫作交由對方親自繪製完成。我在第一章的飯店住宿經驗談曾提到，接收方會透過個人的過往經驗，自動地（無意識地）填補大腦空白。

當我們使用反向後設模式進行談話，必須要先讓客戶進入充足的入神狀態，才能讓客戶的大腦產生真實的印象。

⇩後設模式與米爾頓模式，所產生的變化有何不同？

若後設模式會令人感到痛苦，是因為陷入了負面消極的印象世界。對創造這些負面印象的原因進行修正，也就是刪減、扭曲、一般化等部分，就可將經驗還原到透明無色的狀態（不好不壞），問題也就隨之煙消雲散。米爾頓模式則大膽地利用刪減、扭曲、一般化創造出正面主動的印象世界，代入對方的大腦，療癒對方，或為對方創造出健全的心理狀態。

大腦無法分辨現實和印象。雖說印象並沒有實體，但是大腦卻會感是現實，產生反應。藉由反向後設模式創造世界。一樣是由刪減、扭曲、一般化要素創造的印象世界，但大腦同樣會視為真實的事件。只不過印象世界是由正面主動的印象所創造，具有正面主動的反應。

後設模式可讓對方走出消極悲觀的夢境（印象），而米爾頓模式的反向後設模式等技巧則反其道而行，是讓對方踏入主動正向的夢境世界（印象）的一種技巧。印象並無分好壞，NLP具有可以消除壞印象的問題解決方法，也具有利用良好印象的問題解決法。

國家圖書館出版品預行編目資料

漫畫NLP溝通筆記：全力搶救說話模式，終結溝通不良的無限迴圈／山崎啓支作；謝承翰譯. -- 初版. -- 新北市：世茂，2015.01
面；公分. -- (銷售顧問金典；80)
ISBN 978-986-5779-60-3(平裝)
1.溝通 2.傳播心理學 3.神經語言學 4.漫畫
177.1　　103023454

銷售顧問金典80

漫畫NLP溝通筆記：全力搶救說話模式，終結溝通不良的無限迴圈

作　　者／山崎啓支
譯　　者／謝承翰
主　　編／陳文君
責任編輯／張瑋之
封面設計／辰皓國際出版製作有限公司
出 版 者／世茂出版有限公司
負 責 人／簡泰雄
地　　址／(231)新北市新店區民生路19號5樓
電　　話／(02)2218-3277
傳　　真／(02)2218-3239（訂書專線）、(02)2218-7539
劃撥帳號／19911841
戶　　名／世茂出版有限公司
單次郵購總金額未滿500元（含），請加50元掛號費
世茂網站／www.coolbooks.com.tw
排版製版／辰皓國際出版製作有限公司
印　　刷／世和彩色印刷股份有限公司
初版一刷／2015年1月
五刷／2020年2月

ＩＳＢＮ／978-986-5779-60-3
定　　價／280元

黏貼處

電話：(02) 22183277
傳真：(02) 22187539

世茂好書・豐富心靈
世潮精典・智富同行

廣告回函
北區郵政管理局登記證
北台字第 9702 號
免貼郵票

231新北市新店區民生路19號5樓

世茂
世潮 出版有限公司 收
智富

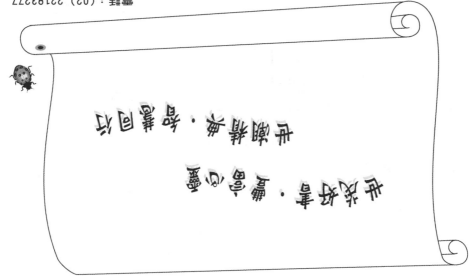

黏貼處

讀者回函卡

感謝您購買本書，為了提供您更好的服務，歡迎填妥以下資料並寄回，
我們將定期寄給您最新書訊、優惠通知及活動消息。當然您也可以E-mail：
Service@coolbooks.com.tw，提供我們寶貴的建議。

您的資料（請以正楷填寫清楚）

購買書名：______________________________

姓名：____________　生日：______年____月____日

性別：□男　□女　E-mail：____________________

住址：□□□______縣市________鄉鎮市區________路街
______段______巷______弄______號______樓

聯絡電話：____________________

職業：□傳播　□資訊　□商　□工　□軍公教　□學生　□其他：______

學歷：□碩士以上　□大學　□專科　□高中　□國中以下

購買地點：□書店　□網路書店　□便利商店　□量販店　□其他：______

購買此書原因：___ ___ ___ ___ ___ ___（請按優先順序填寫）
1封面設計　2價格　3內容　4親友介紹　5廣告宣傳　6其他：______

本書評價：____ 封面設計　1非常滿意　2滿意　3普通　4應改進
____ 內　容　1非常滿意　2滿意　3普通　4應改進
____ 編　輯　1非常滿意　2滿意　3普通　4應改進
____ 校　對　1非常滿意　2滿意　3普通　4應改進
____ 定　價　1非常滿意　2滿意　3普通　4應改進

給我們的建議：--

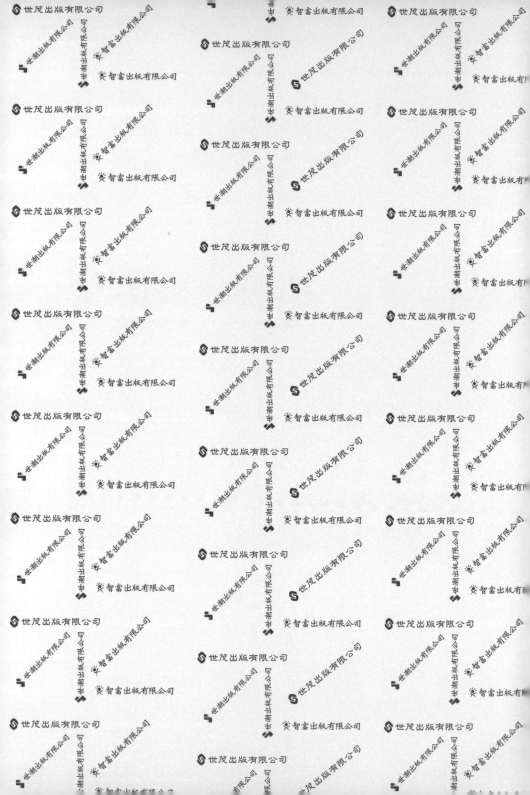

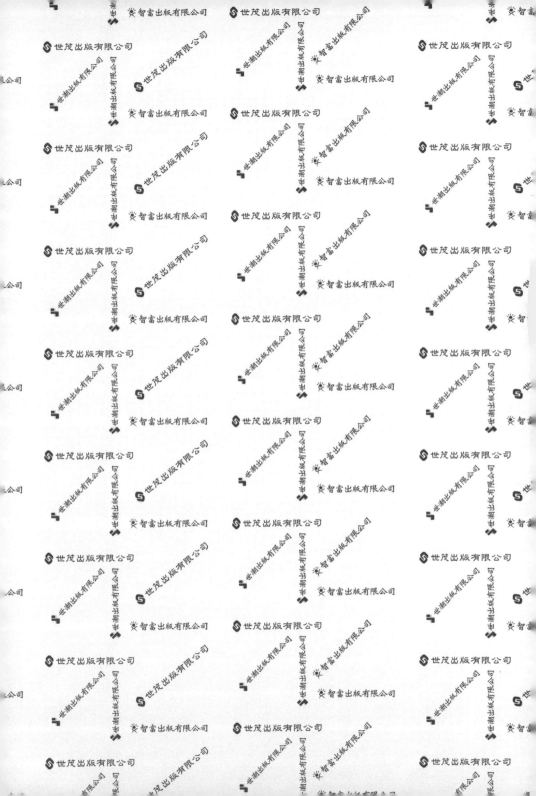